Fuentes primarias de la expansión hacia el Oeste

La resistencia de los nativos americanos

Zachary Deibel
Traducido por Christina Green

Published in 2018 by Cavendish Square Publishing, LLC
243 5th Avenue, Suite 136, New York, NY 10016

Copyright © 2018 by Cavendish Square Publishing, LLC

First Edition

No part of this publication may be reproduced, stored in a retrieval system, or transmitted in any form or by any means—electronic, mechanical, photocopying, recording, or otherwise—without the prior permission of the copyright owner. Request for permission should be addressed to Permissions, Cavendish Square Publishing, 243 5th Avenue, Suite 136, New York, NY 10016. Tel (877) 980-4450; fax (877) 980-4454.

Website: cavendishsq.com

This publication represents the opinions and views of the author based on his or her personal experience, knowledge, and research. The information in this book serves as a general guide only. The author and publisher have used their best efforts in preparing this book and disclaim liability rising directly or indirectly from the use and application of this book.

CPSIA Compliance Information: Batch #CS17CSQ

All websites were available and accurate when this book was sent to press.

Library of Congress Cataloging-in-Publication Data
Names: Deibel, Zachary.
Title: La resistencia de los nativos americanos / Zachary Deibel, translated by Christina Green.
Description: New York : Cavendish Square Publishing, 2018. | Series: Fuentes primarias de la expansión hacia el Oeste | Includes index.
Identifiers: ISBN 9781502629036 (library bound) | ISBN 9781502629043 (ebook)
Subjects: LCSH: Indians of North America--Wars--Juvenile literature. | Indians of North America--Government relations--Juvenile literature. | Indians of North America--Social conditions--Juvenile literature.
Classification: LCC E81.K55 2018 | DDC 970.004'97--dc23

Editorial Director, Spanish: Nathalie Beullens-Maoui
Translator: Christina Green
Editor, Spanish: Maria Cristina Brusca
Editorial Director, English: David McNamara
Editor, English: Fletcher Doyle
Copy Editor, English: Nathan Heidelberger
Associate Art Director: Amy Greenan
Designer: Raúl Rodriguez
Production Coordinator: Karol Szymczuk
Photo Research: J8 Media

The photographs in this book are used by permission and through the courtesy of: Cover, David F. Barry/National Archives/File:Chief Gall-NARA.jpg/Wikimedia Commons/Public Domain; p. 5, 17 Culture Club/Hulton Archive/Getty Images; p. 6 Mathew Brady (1822-1896)/Library of Congress Prints and Photographs Division/File: Theodore Frelinghuysen - Brady-Handy.jpg/Wikimedia Commons/Public Domain; p. 8 Library of Congress Geography and Map Division Washington, D.C. 20540-4650 USA; p. 9 The LIFE Picture Collection/Getty Images; p. 10 Bettmann/Getty Images; p. 12 Charles Phelps Cushing/ClassicStock/Getty Images; p. 15 User: Nikater/Own work by Nikater, submitted to the public domain/Background map courtesy of Demis, www.demis.nl and Wilcomb E. Washburn (Hrsg.) Handbook of North American Indians. Vol. 4: History of Indian-White Relations. Smithsonian Institution Press, Washington D.C. 1988 ISBN 0-16004-583-5/File: Trails of Tears en.png/Wikimedia Commons/Public Domain; pp. 19, 27 NativeStock Photos; p. 23 Stock Montage/Getty Images; p. 26 Unknown/U.S. NARA/File: Manuelito, a Navajo chief, full-length, seated - NARA - 519158.tif/Wikimedia Commons/Public Domain; p. 29 Unknown/File: Buffalo Calf Road Woman.jpg/ Wikimedia Commons/Public Domain; p. 32 Corbis/Getty Images; p. 34 North Wind Pictures; William E. Peters/Peters, William H. (1918) Ohio Lands and Their Subdivisions; p. 35/File: Greenville Treaty Line Map.png/Wikimedia Commons/Public Domain; p. 38 Library of Congress; p. 40 NARA/File: Photograph of General William T. Sherman and Commissioners in Council with Indian Chiefs at Fort Laramie, Wyoming, ca. 1 - NARA - 531079.jpg/Wikimedia Commons/Public Domain; p. 42 Illustration from The Indian Dispossessed by Seth K. Humphrey, 1906/File: Little Crow, Leader of the Sioux in the Minnesota Massacre, 1863.png/Wikimedia Commons/Public Domain; p. 45 Carleton E. Watkins/Hulton Archive/Getty Images; p. 46 John Gast/Library of Congress/File: American Progress (1872) by John Gast.jpg/Wikimedia Commons/Public Domain; P. 48 NARA/Wikimedia Commons/File:"Big Foot, leader of the Sioux, captured at the battle of Wounded Knee, S.D." Here he lies frozen on the snow-covered ba - NARA - 530805.tif/Public Domain; p. 49 Library of Congress/Corbis/VCG/Getty Images; p. 52 Unknown/File: Wounded Knee 1891.jpg/Wikimedia Commons/Public Domain.

Printed in the United States of America

CONTENIDO

INTRODUCCIÓN • 4
De amigos a enemigos

CAPÍTULO UNO • 7
Un hogar compartido

CAPÍTULO DOS • 22
La lucha por conservar la tierra

CAPÍTULO TRES • 33
Tratados y traición

CAPÍTULO CUATRO • 44
El fin de la resistencia

Cronología • 55

Glosario • 57

Para más información • 59

Bibliografía • 60

Índice • 62

Acerca del autor • 64

INTRODUCCIÓN

De amigos a enemigos

En 1776, los líderes de la Revolución estadounidense en Filadelfia invitaron a la Confederación Iroquesa a una sesión del recién formado Congreso Continental. Temiendo que los nativos escogieran luchar por el Imperio británico en la guerra de los estadounidenses por su independencia, los delegados suplicaron a los iroqueses su apoyo. "Hermanos", pedían en un discurso pronunciado el 11 de junio, "esperamos que la amistad que existe entre ustedes y nosotros sea sólida". El rey de Gran Bretaña se había disgustado con los estadounidenses, decían, "porque no dejaremos que nos quiten nuestra tierra y todo lo que tenemos para dárselo a ellos, y porque no haremos todo lo que nos pidan". Y así continuaban: "Esperamos que no dejen que ninguno de sus jóvenes se una a nuestros enemigos… que no suceda nada que pueda causar una pelea entre nosotros". Los estadounidenses habían vivido en el continente poco menos de dos siglos. Ahora les pedían a los nativos, cuyo **territorio** y derechos habían usurpado por décadas, ayuda para preservar su libertad y su tierra.

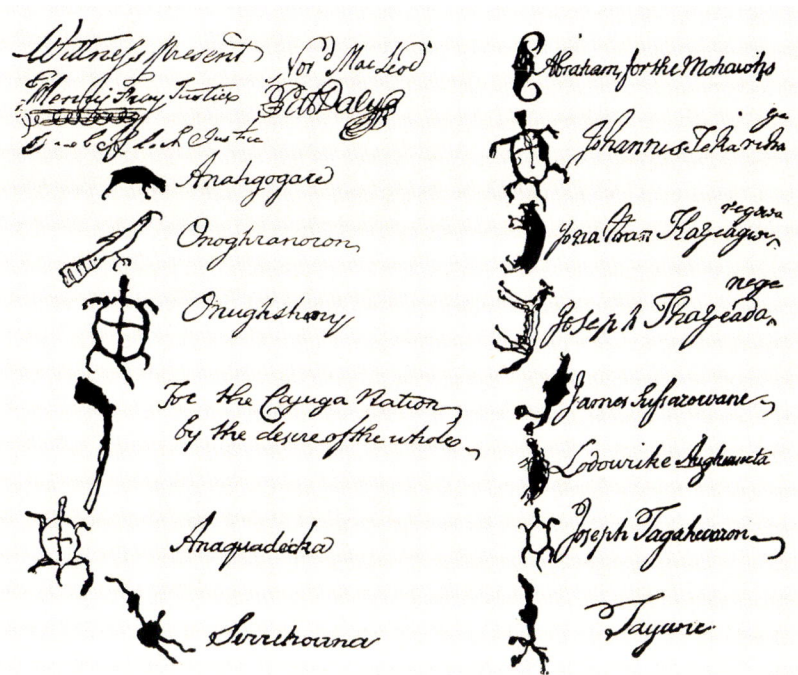

Los jefes tribales de las Seis Naciones firmaron con pictogramas un documento mediante el cual se vendía la tierra a Pensilvania. Las firmas fueron añadidas por otra mano.

A lo largo de su existencia, Estados Unidos ha oprimido a los nativos americanos de diversas formas. Los estadounidenses ocuparon el territorio nativo, obligaron a los indígenas a reasentarse en otros lugares, usaron la fuerza militar para expulsarlos de las tierras que los habían visto nacer e incluso emprendieron la guerra contra varias naciones nativas. Estados Unidos quería tener el control de todo el continente y vio esta búsqueda de dominio costa a costa como un destino para la nación. Muchos nativos americanos optaron por resistirse a esta injusticia. Tanto los nativos americanos como los ciudadanos estadounidenses lucharon contra estas injusticias a través de acciones legales, protesta y conflicto armado.

De 1803 a 1869, Estados Unidos vio el Oeste como una nueva frontera para la sociedad estadounidense, por cuanto proveería tierras para el cultivo, serviría a una población en constante crecimiento, atraería a nuevos estados a la Unión y permitiría a las personas viajar por todo el país en un ferrocarril que abarcaría todo el continente. Inicialmente, Estados Unidos negoció con las naciones nativas americanas tratados y acuerdos para compartir gran parte de la tierra. Sin embargo, la obsesión de los políticos de expandir el territorio de la nación se hizo cada vez mayor y esto los llevó a traicionar los tratados previos para perseguir los intereses de Estados Unidos.

Los nativos, sin embargo, no estaban dispuestos a dejar que el Gobierno de Estados Unidos los explotara sin resistirse a tal injusticia. Estas dificultades condujeron finalmente a décadas de conflicto brutal entre Estados Unidos y los nativos americanos. Estados Unidos sería responsable de la muerte de millones de nativos americanos durante el curso de su historia, aunque hubo muchos nativos valientes que alzaron su voz y se resistieron a esa opresión.

La oposición también provino de otras fuentes. En 1830, el senador Theodore Frelinghuysen, de Nueva Jersey, se opuso a la **Ley de Traslado Forzoso de los Indios** que permitía al Gobierno el uso de fuerza para sacar a los **cheroquis** de sus tierras de origen en el sur. "¿Cambian las obligaciones de la justicia con el color de la piel?", preguntó Frelinghuysen. Muchos

Theodore Frelinghuysen lideró en el Senado de Estados Unidos la oposición al traslado de los indios.

nativos americanos se levantarían a lo largo de la historia para responder a la pregunta de Frelinghuysen con un rotundo "no". Si Estados Unidos no los trataba de manera justa y equitativa, ellos reaccionarían con lucha… y luchar fue lo que hicieron.

CAPÍTULO UNO

Un hogar compartido

Los primeros líderes de los nacientes Estados Unidos rápidamente se dieron cuenta de que las relaciones de la nación con los nativos americanos representarían un área de preocupación importante. Luego de la firma del Tratado de París en 1783, que puso fin a la guerra de Independencia, Estados Unidos comenzó a hacerse valer como potencia central en el continente. Los nativos de América del Norte tenían una larga historia tanto de conflictos como de alianzas con muchas de las potencia europeas que habían establecido colonias. Desde los acuerdos comerciales con los franceses hasta la casi esclavización por parte de los españoles, los nativos americanos de todo el continente fueron vistos desde perspectivas diferentes por los colonos europeos. Durante la revolución, algunas naciones nativas se habían alineado con los colonos, pero muchas tribus luchaban junto a los británicos, creyendo que el Imperio británico ofrecía mejores oportunidades para la paz que un gobierno independiente de los colonos. Sin embargo, después del conflicto, los grupos nativos se vieron obligados a negociar con el nuevo Gobierno estadounidense.

Este mapa, hecho con ocasión del tratado con Gran Bretaña que ponía fin a la Revolución estadounidense en 1783, muestra Estados Unidos y territorios adyacentes.

Los primeros presidentes y líderes políticos nacionales aspiraban a lograr la **asimilación** de los nativos. A través de esta **política**, los líderes esperaban ir integrando a los nativos americanos en la población de la joven nación. El primer presidente de Estados Unidos, George Washington, y su secretario de Guerra, Henry Knox, fueron los primeros en formular una política de la nación relativa a los nativos. Washington temía que la expansión de los estadounidenses a los territorios de los nativos hiciera estallar la violencia. Y sabía también que era necesario establecer acuerdos para evitar que los ciudadanos tomaran la tierra de los nativos. En 1796, Washington aprobó una ley dirigida a "preservar la paz en las fronteras", la cual reconocía la soberanía y la independencia del territorio de los nativos, a la vez que autorizaba al Congreso a castigar a todo ciudadano estadounidense que violara los términos de cualquier acuerdo que fuera alcanzado. Aunque Washington y Knox invirtieron la mayoría del tiempo inicial de sus presidencias en establecer fronteras claras entre los nativos y los colonizadores, la visión de Washington hacia los nativos fue una de inclusión. Sin embargo, tal visión demostró carecer increíblemente de sensibilidad a las libertades de los nativos.

En 1796, Washington publicó una carta abierta a la nación cheroqui en la que explicaba que había "deseado que las diversas tribus, al igual que sus vecinos, los blancos, pudieran disfrutar en abundancia de todas las cosas buenas". Con la finalidad de lograr esto, según continuaba la carta, Washington esperaba que los cheroquis pudieran "aprender esas cosas que hacen que los libros nos sean útiles". Quería que los nativos "labraran la tierra, construyeran casas y las llenaran con cosas buenas, como hace la gente blanca". Washington entonces enseñó a los nativos a cultivar y a criar como lo hacían los estadounidenses, a establecer gobiernos similares a los de la nueva república de Estados Unidos y a discutir los asuntos de la comunidad como una democracia. "El consejo que les he dado es importante, ya que tiene que ver con su nación", escribió Washington. Si los nativos adoptaban los modos de vida de los estadounidenses, "los amados hombres de Estados Unidos se sentirán motivados a dar la misma ayuda a todas las tribus". Si no lo hacían, los estadounidenses no "harían ningún otro intento por mejorar la condición de las tribus" y usarían "la riqueza del suelo y la suavidad del aire" que pertenecían a los nativos para promover su propia sociedad. Hacia finales de su presidencia, esto era lo que el presidente Washington y el Gobierno querían. O bien los nativos adoptaban estilos de vida estadounidenses o bien Estados Unidos usaría la tierra y los recursos de los nativos para mejorar su propio país.

El jefe séneca Casaca Roja, llevando puesta una medalla de paz hacia 1829.

Un hogar compartido

Programa de asimilación

Los presidentes que sucedieron a Washington continuaron aplicando políticas similares. En 1803, Thomas Jefferson compró a Napoleón Bonaparte y al Imperio francés el territorio de Luisiana. La tierra adquirida se extendía desde el valle del río Ohio a través del sur y el centro de Estados Unidos. Sin que los nativos que ocupaban este territorio supieran que los franceses, y mucho menos Estados Unidos, habían reclamado esta tierra, Jefferson envió a dos jóvenes aventureros, Meriwether Lewis y William Clark, a explorar la nueva frontera. Les ordenó reafirmar la soberanía a las tribus que encontraran, pero debían hacerlo de manera pacífica, con demostraciones de honor. Jefferson quería usar ese territorio para proveer "agricultura… manufacturas… y civilización" tanto a los nativos como a los expedicionarios. El Oeste sería el ruedo, en la opinión de Jefferson, en el que los estadounidenses integrarían a las poblaciones de nativos a la creciente identidad nacional. Por desgracia, la asimilación no era algo que las tribus pudieran escoger.

Lewis y Clark consultan a Sacagawea, su guía shoshone, sin cuya ayuda nunca habrían podido llegar al océano Pacífico.

El "programa de civilización" de Jefferson, según consta en el museo de Monticello, la residencia de Thomas Jefferson, apuntaba tanto a asegurar tierras para los estadounidenses como a incorporar gradualmente a los pueblos nativos a la cultura estadounidense. Algunas de esas tácticas contra los nativos americanos, al igual que las de muchos políticos estadounidenses a lo largo de la historia, eran manipulativas. Jefferson ordenó a William Henry Harrison (futuro presidente de Estados

Unidos) convencer a las naciones nativas de comprar tierras haciendo uso del crédito otorgado por los estadounidenses, lo cual las endeudaría por décadas. Igualmente, hizo presión ante el Congreso para imponer leyes que promovieran su programa. "Para conducirlos hacia la agricultura… y la civilización, para unir sus intereses y los nuestros y para prepararlos en última instancia a participar en los beneficios de nuestro Gobierno", escribió Jefferson, "creo y confío en que estamos actuando por su mayor bien". Jefferson siguió fomentando la imagen paternalista, sobreprotectora, de que Estados Unidos estaba salvando a los nativos de una existencia salvaje. Esa "civilización" no siempre era una opción para los nativos americanos. Sin embargo, demostró ser una manera más complaciente para que Estados Unidos alcanzara su objetivo real: la expansión territorial.

El sucesor de Jefferson, un conciudadano suyo de Virginia y el primer autor de la Constitución de la nación, James Madison, dio continuidad a muchos aspectos del "programa de civilización" de Jefferson. Las tribus que habían estado de acuerdo con los intentos estadounidenses de asimilación adoptaron el nombre de las "**Cinco Tribus Civilizadas**". Estos grupos —los cheroquis, los chickasaws, los choctaws, los creeks y los seminolas— disfrutaban de un período de paz relativa con Estados Unidos. Sin embargo, incluso estos grupos, que habían aceptado los términos de Estados Unidos en casi todos los acuerdos, al final caerían víctimas de promesas rotas. Mientras tanto, algunos de los nativos no adoptaron el "programa de civilización" tan fácilmente. La nación **shawnee** estaba increíblemente dividida. Si bien algunas facciones dentro de los shawnees aceptaron la asimilación, otros la rechazaron.

Un líder shawnee que se opuso a la asimilación estadounidense, Tecumseh, encabezó una alianza de nativos contra Estados Unidos. Tecumseh tenía una larga historia de oposición a la expansión estadounidense. Luchó contra ellos en la batalla de los Árboles Caídos de 1794. Ayudó a los shawnees a crear una Confederación de tribus nativas para resistirse a

Estados Unidos en la batalla de Tippecanoe en 1811. William Henry Harrison encabezó las fuerzas estadounidenses, que fueron emboscadas por la Confederación antes de la llegada de Tecumseh. Estados Unidos aplastó a los shawnees y a sus aliados, pero Tecumseh usó la brutal retaliación de los estadounidenses de quemar las aldeas de los nativos hasta los cimientos con el fin de conseguir apoyo contra ellos.

En 1812, Tecumseh aprovechó esas alianzas para pelear contra Estados Unidos junto con los británicos. Ese año, Estados Unidos fue a la guerra contra Gran Bretaña en una segunda lucha por asegurar su independencia. El conflicto se inició con el encarcelamiento de soldados estadounidenses por parte de los británicos, intentos de tomar el territorio estadounidense y la práctica de los británicos de alentar a las tribus nativas a resistirse y a atacar los asentamientos estadounidenses. Tecumseh se alineó con Gran Bretaña, a la expectativa de que el Imperio trataría a los nativos mejor de lo que Estados Unidos lo había hecho en sus primeros años. Tecumseh temía un continente norteamericano controlado completamente por Estados Unidos. A pesar de que el Imperio británico había prohibido la trata de esclavos en 1807, la economía de Estados Unidos dependía de una masiva mano de obra esclava en las haciendas del Sur y del Oeste. Tecumseh temía que esa misma **esclavitud** se extendiera a los nativos, otro grupo minoritario oprimido que luchaba por su libertad contra una nación blanca

Tecumseh luchó contra Estados Unidos.

12 La resistencia de los nativos americanos

en expansión: "¿Cuánto tiempo pasará antes de que nos amarren a un palo y nos den latigazos y nos obliguen a trabajar para ellos en sus maizales tal y como lo hacen con ellos [los esclavos africanos]?". Tecumseh preguntaba a sus aliados: "¿Debemos esperar a que llegue ese momento o debemos morir luchando?". Y eso fue lo que hicieron Tecumseh, los shawnees y muchos otros grupos nativos… Tecumseh murió durante la batalla del Támesis, en el Ontario canadiense, el 5 de octubre de 1813.

Exigencias rechazadas

Aunque Estados Unidos ganaría la guerra de 1812, la resistencia de los grupos nativos a la expansión estadounidense quedó bien establecida. A medida que aumentaba el deseo de los estadounidenses de tierras en el Oeste, también aumentaba la voluntad del Gobierno de tomar posesión de los territorios tribales y de expulsar a las poblaciones nativas. Muchos nativos se resistieron. En 1826, los chickasaws se negaron a aceptar las exigencias de tierra de los estadounidenses. Estados Unidos quería que los chickasaws se mudaran al Oeste, más allá del río Misisipi, y permitieran a los estadounidenses ocupar su territorio. En una alocución ante soldados estadounidenses, los chickasaws declararon: "Teniendo en mente que no sería una ventaja para la nación cruzar el Misisipi, estamos decididos a permanecer en nuestro territorio de origen". La resistencia de los chickasaws a la influencia estadounidense obedecía a los mismos ideales democráticos sobre los que se levantaba la joven nación. "Debemos actuar de acuerdo a la voz del pueblo [chickasaw]", escribieron los representantes de los nativos. "No podemos actuar en contra de la voluntad de la nación [chickasaw]. Ellos están determinados a permanecer en su territorio natal". Con este llamado, los nativos intentaban convencer a los dirigentes estadounidenses de la hipocresía de su propio país: ¿cómo podía Estados Unidos ser una nación basada en la regla de la mayoría si no respetaba el uso que hacían otros de la misma idea? Esta resistencia diplomática, si bien era rara, era una muestra de la voluntad de los nativos de responder a los intentos de Estados Unidos de apoderarse del territorio.

La política siempre cambiante de Estados Unidos traería el fin de la era de asimilación y del "programa de civilización" de Jefferson. En 1828, los estadounidenses eligieron como presidente a Andrew Jackson. Este prometió proteger a los pequeños granjeros y a la clase obrera de muchos grupos diferentes, incluyendo los nativos de la frontera oeste.

Muchos votantes se habían desplazado hacia el Oeste y veían el voto por Jackson como un voto por la seguridad. Después de todo, él había luchado contra los nativos en Luisiana, Florida y Georgia. Como los colonizadores avanzaban hacia el Oeste también, Jackson prometió protegerlos de los peligros de los nativos americanos. Jackson creía en lo que llegaría a conocerse como la doctrina del "**Destino Manifiesto**", es decir, la idea de que Estados Unidos tenía el derecho, dado por Dios, de extender su territorio en todo el continente. Esta combinación, la creencia de Jackson en la expansión y su voluntad de combatir a las tribus desagradables, sería nefasta para miles de nativos americanos.

Durante la década de 1820, muchos estados y territorios trataron de expulsar a los nativos de las áreas ocupadas por los blancos. Georgia fue particularmente incisiva al tratar de sacar a los cheroquis de sus fronteras estatales a la fuerza. Pero en 1827, los cheroquis adoptaron su propia "Constitución para el gobierno de la nación Cheroqui", según el documento, "para garantizarnos a nosotros mismos y para nuestra posteridad las bendiciones de la libertad". Esa Constitución declaraba que "las tierras allí contenidas son y seguirán siendo propiedad común de la nación [cheroqui]… propiedad exclusiva e inexcusable de los ciudadanos que las hayan poseído o a quienes pudiera corresponder tal posesión por derecho". Muchos líderes políticos en Georgia y en otros estados, con considerables poblaciones de nativos, se enfurecieron con este intento de reafirmar la independencia. En respuesta, el Congreso de Estados Unidos, liderado por sus representantes georgianos, aprobó la Ley de Traslado Forzoso de los Indios de 1830. Esta ley autorizaba a Jackson a designar los territorios del Oeste para la ocupación por parte de los nativos americanos. "Será y podrá ser legítimo para el presidente de Estados Unidos", invocaba la ley, "determinar que…

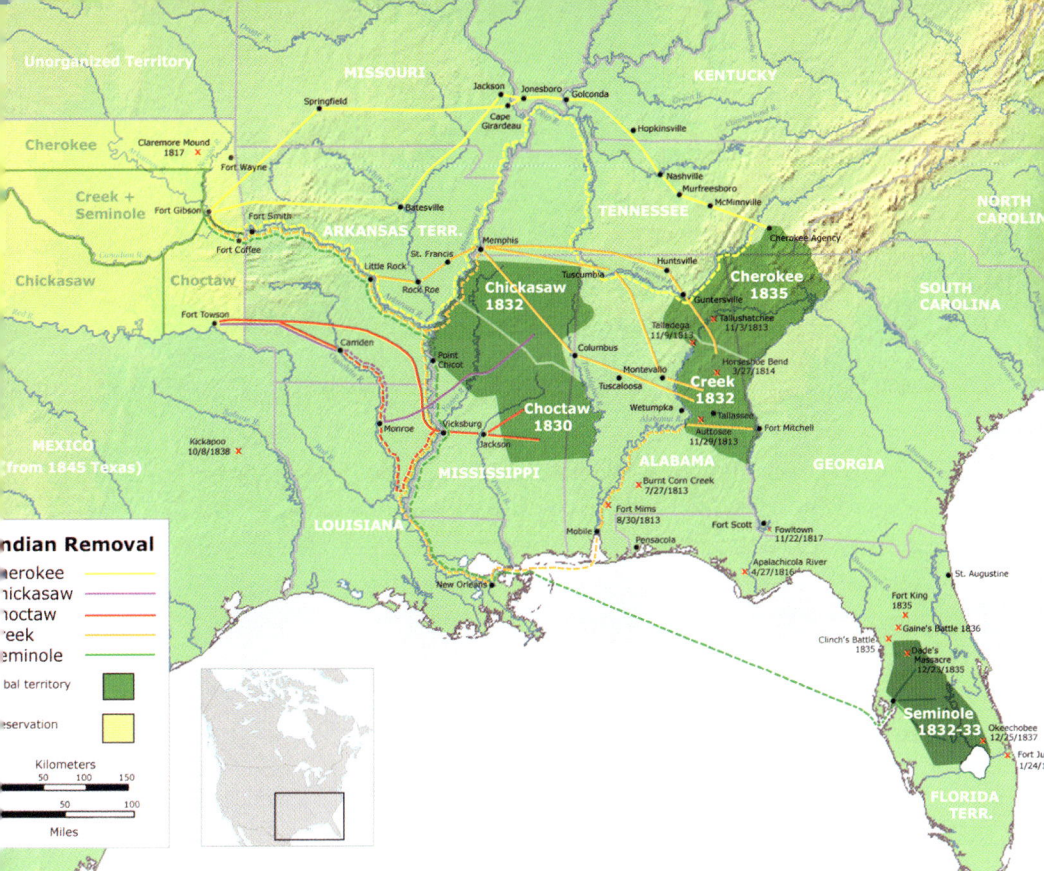

Este mapa muestra el proceso y las rutas a través de las cuales muchos nativos americanos fueron sacados de su territorio a la fuerza.

cualquier territorio perteneciente a Estados Unidos al oeste del río Misisipi… se divida en un número adecuado de distritos para la recepción de tales tribus o naciones de indios, para intercambiar las tierras en las que residen".

Ningún presidente había tenido antes tanto poder para designar tierras para la ocupación por parte de los nativos. Y lo que era incluso peor para los nativos americanos era que la ley establecía que el presidente tenía pleno poder "para intercambiar cualquiera y todos los territorios tales" al oeste del río Misisipi "con cualquier tribu o nación de indios que resida ahora dentro de los límites de cualquier estado o territorio… propiedad de Estados Unidos". En esencia, la ley permitía al presidente obligar a los nativos americanos a dejar sus tierras dentro de los estados de la Unión y reasentarse en áreas escogidas para ellos en el Oeste

(Continúa en la página 18)

Un hogar compartido 15

La autoridad española en el suroeste

En el suroeste norteamericano, aproximadamente en lo que hoy es Nuevo México, los grupos nativos lucharon contra la colonización española durante décadas. Después de conquistar gran parte de América Central y del Sur, los españoles dividieron la tierra de los pueblos nativos en comunidades gobernadas por los nobles españoles. Los nativos mismos también fueron asignados a los nobles como peones. El otorgamiento de tierras y del servicio requerido por parte de los nativos se llamó encomienda, mientras que la asignación de nativos se llamó repartimiento. Los nativos americanos trabajaban casi como esclavos en minas y en haciendas bajo el dominio de los españoles y fueron obligados a convertirse al cristianismo, a vivir dentro de la encomienda y a declarar su lealtad a España. Los españoles intentaron reformar este sistema con lo que se conocía como Las Nuevas Leyes, en 1542. Este sistema cambió la definición del repartimiento, ya que prohibía el trabajo forzoso y exigía que se pagara a los nativos por su trabajo. Los grupos nativos aún tenían que proveer trabajo, pero ahora sus días de servicio estarían limitados. Sin embargo, todavía estaban obligados a obedecer las expectativas culturales españolas.

A medida que los españoles se extendieron a otras partes del suroeste, al igual que a los territorios actuales de Texas y Florida, muchos nativos fueron perdiendo la paciencia bajo su dominio. De 1600 a 1680, la población de indios pueblo se redujo en más de un 73 % como resultado de las severas condiciones de vida, las epidemias traídas por los europeos y el conflicto con sus gobernantes coloniales. En 1680, un grupo de pueblos, comandados por un líder carismático llamado Popé, encabezaron una rebelión en contra de los españoles. Cientos de colonos y misioneros españoles fueron asesinados en el levantamiento y los pueblos, esencialmente, sacaron a los españoles de su territorio. Según señala el historiador Eric Foner, "la **revuelta** de los indios pueblos fue la victoria más

Una representación de 1590 de peones nativos, siendo objeto de abusos por parte de colonos españoles.

completa de los nativos americanos sobre los europeos y la única expulsión masiva de colonizadores en la historia de América del Norte… Los pueblos, victoriosos, llegaron con sed de venganza contra todos los símbolos de la cultura europea, sacaron de raíz los árboles frutales, arrasaron con el ganado, incendiaron las iglesias… y se lanzaron a los ríos para eliminar de sus cuerpos los bautizos católicos".

    La revuelta de los pueblos no solo fue un levantamiento violento: representó la resistencia y el rechazo a la opresión española. Para 1692, el liderazgo de los pueblos se vio fragmentado y los españoles volvieron a tomar el control del territorio. Pero España había aprendido la lección. En las décadas que siguieron a la revuelta, los españoles fueron más tolerantes con respecto a las tradiciones y la independencia de los nativos a la hora de negociar con ellos acuerdos comerciales y alianzas políticas.

Un hogar compartido

norteamericano. Adicionalmente, la ley preveía un fondo de 500,000 dólares para cubrir los gastos del traslado, lo cual incluía, de acuerdo con las estimaciones del Congreso, el uso de la fuerza militar. Debido a que el presidente era el comandante en jefe del Ejército, el Gobierno federal se preparó para desplazar a los nativos hacia el Oeste.

Con el uso de la Ley de Traslado Forzoso de los Indios, Jackson autorizó la reubicación por la fuerza de miles de cheroquis fuera de Georgia. Debían marchar, escoltados por militares al territorio de Oklahoma. 16,000 cheroquis fueron obligados a desplazarse entre 1836 y 1839. A lo largo del camino, casi 4,000 nativos murieron en lo que pasaría a conocerse como el Sendero de Lágrimas. John Burnett, un soldado estadounidense, registró la ejecución de lo que llamó "la orden más brutal de la historia de guerra de Estados Unidos". Según describiría Burnett: "Vi a los indefensos cheroquis siendo arrestados y sacados a rastras de sus hogares y siendo llevados a punta de bayoneta a recintos cercados… vi cómo los cargaban como reses u ovejas en seiscientos cuarenta y cinco vagones y eran llevados hacia el Oeste". Si bien el traslado de estas personas de sus casas fue doloroso, el viaje demostraría ser incluso más horroroso. Según Burnett, "mucha de esta gente indefensa ni siquiera tenía una manta para cubrirse y a muchos los habían sacado de sus casas descalzos". Burnett también observó:

> El sendero de los exiliados era un sendero de muerte… los hombres que trabajaban en los campos eran arrestados y llevados a cercados. Las mujeres eran sacadas a rastras de sus casas por soldados cuyo idioma ni siquiera podían entender. A menudo, los niños eran separados de sus padres y llevados también a cercados… Un infortunado niño yacía sin vida en un petate de piel de oso mientras unas mujeres preparaban su cuerpecito para el entierro. Todos fueron arrestados y sacados de la cabaña, en la que solo quedó el niño muerto. En otro hogar estaban una frágil mujer,

Familias cheroquis caminando en la nieve a lo largo del amargo Sendero de Lágrimas.

aparentemente viuda, y tres niños pequeños, siendo uno de estos apenas un bebé. Cuando le ordenaron que se fuera, la mujer reunió a sus hijos a sus pies, rezó una humilde oración en su idioma nativo, acarició al viejo perro de la familia en la cabeza, le dijo adiós a la fiel criatura y, con el bebé sujeto a la espalda y con los otros dos niños tomados de la mano, comenzó a caminar hacia su exilio. Sin embargo, era una tarea muy dura para la frágil mujer… se derrumbó y murió con un hijo en la espalda y los otros dos aferrados a sus manos.

Los cheroquis padecieron grandes penurias. Cada una de las 4,000 muertes era igual de trágica: mujeres y hombres de todas las edades, todos morían de enfermedades y cansancio. La marcha, vigilada por soldados estadounidenses, marcó un punto clave en el traslado de los nativos. A pesar de que Estados Unidos había comenzado sus relaciones con los nativos americanos sobre la base de la asimilación, el país pronto adoptó una política de expulsión de los nativos de los territorios que quería conquistar o de los que quería apoderarse. El historiador Howard Zinn explica que

Un hogar compartido

el traslado no fue una política inmediata. "Los indios no serían 'forzados' a irse al Oeste. Pero si escogían quedarse, tenían que acatar las leyes estatales, las cuales destruían sus derechos tribales y personales y los hacían objeto de acoso e invasión por parte de los colonizadores blancos que codiciaban su tierra". Y, si se negaban a hacerlo, el Gobierno federal expulsaba a estas naciones de sus tierras de origen. Estados Unidos quería expandirse, a cualquier costo.

La lucha contra el traslado forzoso

Muchos grupos de nativos se resistieron al traslado. Surgieron diferentes conflictos en respuesta a la Ley de Traslado Forzoso de los Indios y el Sendero de Lágrimas. La nación seminola libró una guerra de siete años contra Estados Unidos, desde 1835 hasta 1842, para resistirse a los intentos de que sus tribus fueran reubicadas al oeste del Misisipi. La guerra costó a Estados Unidos 20 millones de dólares. Y, a pesar de la derrota final de los seminolas, sirvió para revelar la voluntad de los nativos americanos de oponerse a las injusticias estadounidenses.

Serpiente Moteada, un jefe indio creek, se opuso a los intentos de Jackson de negociar su traslado hacia el Oeste. En su discurso de oposición, Serpiente Moteada explicaba:

> Nuestro Gran Padre [Jackson] dice que nuestros hombres malos han hecho sangrar su corazón, debido al asesinato de uno de sus hijos blancos. Sin embargo, ¿dónde están los niños pieles rojas que él ama y que una vez fueron tan numerosos como las hojas del bosque? ¿Cuántos han sido asesinados por sus guerreros? ¿Cuántos han sido aplastados bajo el peso de sus propios pasos?

Serpiente Moteada y otros nativos se opusieron a las negociaciones con Estados Unidos, con la esperanza de evitar que se impusieran las mismas migraciones forzosas que sufrieron los cheroquis.

Incluso grupos nativos de áreas tan remotas como las del noreste se oponían al traslado. William Apess, un nativo pequot ordenado ministro metodista, escribió un análisis cristiano de los asuntos de los nativos titulado "An Indian's Looking Glass for the White Man" ["El reflejo de un indio para el hombre blanco"]. Apess hizo uso de sus avanzados conocimientos de filosofía cristiana para señalar de qué maneras eran esas políticas hacia los nativos moralmente incorrectas". ¿Por qué nosotros [los nativos], nuestras personas y nuestras propiedades, no estamos protegidos en todo el territorio de la Unión?", se preguntaba Apess. Dios, resumía, protegía a todos sus hijos: ¿no incluía esto acaso a los cheroquis o a cualquier otro grupo de nativos americanos? Ciertamente, los cristianos no podían poner en práctica acciones terribles como las emprendidas por quienes crearon el Sendero de Lágrimas.

En palabras del historiador Eric Foner: "El traslado era la alternativa a la coexistencia". Si bien Estados Unidos deseaba inicialmente la integración de los nativos americanos a la sociedad estadounidense, el país continuaba expandiéndose y persiguiendo sus propios intereses por encima de todo lo demás. El tratamiento igualitario para muchas personas, mujeres, afroamericanos y nativos, nunca fue una de sus metas. En cambio, la nación quería apoderarse del territorio, reafirmar su supremacía, defenderse a sí misma y poseer los recursos. La política de traslado era necesaria, en la opinión de los políticos, para lograr estas metas. Los nativos tenían que ser reubicados, incluso si había que despojarlos de sus derechos, confiscar su propiedad y, en algunos casos, sacrificar sus vidas en nombre del progreso. Sin embargo, tal y como apuntó John Burnett: "Asesinato es asesinato, bien lo cometa el villano que merodea en la oscuridad u hombres uniformados que marchan al son de los acordes de una banda marcial". Hacia 1840, Estados Unidos había pasado completamente de una política de asimilación a una de traslado y reubicación, lo cual a menudo resultó en asesinatos y devastación. Sin embargo, los nativos americanos continuarían resistiéndose a estas injusticias a través de acciones políticas y militares hasta bien entrado el siglo XX.

CAPÍTULO DOS

La lucha por conservar la tierra

A lo largo de la década de 1840, se produjeron enfrentamientos entre Estados Unidos y grupos de nativos en la frontera y más allá de la frontera oeste. Al desplazarse los estadounidenses hacia el occidente, los nativos comenzaron a preocuparse cada vez más de que su territorio, sus recursos y sus sociedades ya no estarían a salvo. En 1846, los **siux** exigieron un pago al presidente James K. Polk debido a que los colonizadores estadounidenses habían destruido y confiscado gran parte de su tierra. "Los emigrantes que cruzaban las montañas desde Estados Unidos", explicaban los siux, "han sido la causa de que los bisontes hayan dejado en gran medida nuestros campos de caza, lo que nos ha obligado, en consecuencia, a adentrarnos en las tierras de nuestros enemigos para cazar, a exponer nuestras vidas a diario por la necesidad de subsistencia de nuestras esposas y nuestros hijos y a que, en ocasiones, muchos de los nuestros hayan muerto". Polk ignoró a los siux y la tribu comenzó a obligar a pagar a los colonizadores blancos a medida que entraban masivamente a las tierras siux. Temiendo una

Trabajadores ferroviarios y mineros avanzan hacia el Oeste en busca de nuevas oportunidades.

extensión del conflicto, Estados Unidos se negó a enviar tropas federales para proteger a los colonizadores. Sin embargo, estallaría una guerra abierta contra los siux después de la **Guerra Civil**.

En 1848, unos mineros estadounidenses descubrieron oro en California. Esto atrajo hacia el Oeste a miles de estadounidenses que abandonaron ciudades abarrotadas de gente en el este por la promesa de oportunidades en la frontera. Pero también condujo a un conflicto más directo entre los colonizadores estadounidenses y los nativos al oeste del Misisipi. Al desplazarse hacia el Oeste, crearon asentamientos que a menudo violaban los acuerdos previos entre los nativos americanos y el Gobierno de Estados Unidos.

No obstante, la confiscación del territorio no fue el único efecto de la expansión estadounidense hacia el Oeste. En 1847, las autoridades de California crearon un "sistema de certificado y de paso" que colocaba a los grupos de nativos dentro del territorio en un sistema de peonaje. Este sistema regulaba sus derechos a viajar y trabajar. Finalmente, el sistema de peonaje se convirtió en una forma de esclavitud de nativos. Los californianos vendieron miles de nativos en calidad de esclavos a los colonizadores y a otras tribus nativas. Del mismo modo, muchos colonizadores mormones tuvieron una fuerte participación en la trata de esclavos con los utes, en el actual

La lucha por conservar la tierra

estado de Utah. Los colonizadores también llevaron consigo enfermedades que devastaron a la población de nativos. Los estadounidenses no solo se apropiaron del territorio de las tribus: querían arrebatarles su sociedad. En California, como resultado del desplazamiento hacia el Oeste, la población de nativos pasó de 150,000, en 1849, a solo 30,000, en 1860.

Los grupos nativos siguieron resistiéndose a la expansión. En 1847, dos hacendados californianos llamados Andrew Kelsey y Charles Stone compraron territorio a un granjero mexicano para buscar oro en él a través del uso de un grupo de nativos pomos como mano de obra esclava. Kelsey y Stone trataban a sus peones con extrema crueldad. Hacia finales de 1849, un jefe pomo encabezó a un pequeño grupo en un ataque en el que murieron Kelsey y Stone. Estados Unidos buscó venganza. En 1850, Nathaniel Lyon, teniente del ejército, atacó una pequeña aldea de nativos pomos en el lago Clear, en California, con cañones y artillería pesada. La aldea era un pequeño asentamiento de familias que no tenían nada que ver con los asesinatos de Stone y Kelsey. Murieron hombres, mujeres y niños mientras intentaban escapar. Una versión de los pomos decía: "Una señora me dijo que vio venir a dos hombres blancos, con pistolas al aire, con el cuerpo de una niña a cuestas. Lo traían al arroyo y lo lanzaron al agua… cuando reunieron a los muertos, se dieron cuenta de que todos los pequeños habían sido apuñalados". Mientras tanto, en la guerra de la Mariposa de 1850, seis tribus libraron un conflicto abierto contra las autoridades californianas para evitar que la fiebre del oro se tragara sus tierras.

Aunque los pomos del lago Clear no tenían ninguna conexión con las muertes de Kelsey y Stone, los militares estadounidenses los atacaron para poner fin a la resistencia de los nativos. Acciones como la masacre del lago Clear pasaron a ser la norma para los colonizadores estadounidenses durante la fiebre del oro. En 1851, el gobernador de California, Peter Burnett, dijo en su discurso sobre el estado del Estado:

> Las dos razas no pueden vivir en el mismo vecindario en paz… La guerra y el robo son

> costumbres establecidas entre las razas indias, en general, ya que se encuentran rodeadas de pobres y de tribus salvajes. Debe esperarse que continúe una guerra de exterminio, librada entre las razas hasta que la raza india se extinga… dada la ubicación de California, debemos esperar una guerra irregular, perturbadora, prolongada y continua con los indios por nuestras fronteras.

Irónicamente, Burnett dice que los nativos americanos son propensos a robar y a hacer la guerra, prácticas que habían permitido a Estados Unidos apoderarse de California en primer lugar. El discurso era una muestra, sin embargo, de que los estadounidenses responderían a la resistencia de los nativos con brutal fuerza.

Orden de no tener compasión

Tanto los **cheyenes** como los **navajos** ofrecieron resistencia a Estados Unidos cuando sus militares se preparaban para emprender la Guerra Civil. Al momento en que los soldados de la Unión ocuparon el territorio, debieron hacer frente a la resistencia de parte de los navajos, liderados por un jefe llamado Manuelito. Los navajos saquearon los fuertes estadounidenses en un intento por recuperar mercancías robadas por los soldados de Estados Unidos, pero con frecuencia fueron derrotados. En 1860, perpetraron un asalto masivo a Fort Defiance en Nuevo México. Estuvieron cerca de derrotar a las tropas estadounidenses y, a pesar de su eventual retiro, creían que habían, en palabras del historiador Dee Brown, "enseñado a los soldados una buena lección". En 1861, los navajos llegaron a un acuerdo con Estados Unidos en Fort Fauntleroy para establecer la paz.

En 1862, sin embargo, el general James Carleton y su teniente Kit Carson comenzaron a atacar a los apaches y los navajos en la región. Después de la guerra, Carleton, en un intento por asegurar para Estados Unidos lo que denominaba "un reino en la tierra" y "un magnífico territorio pastoril y

Manuelito lideró la resistencia de los navajos.

mineral", dio una orden a sus soldados: "No deberá haber concilio con los indios ni conversaciones algunas. Los hombres deberán ser aniquilados dondequiera y cuandoquiera que se los encuentre. Las mujeres y los niños deberán ser hechos prisioneros". Estos prisioneros luego serían encerrados en una **reserva** en la montaña Pecos. Después de que Carleton perpetró este asalto en contra de los apaches, los navajos consideraron cómo responder a su agresión. Carletonl exigió a los navajos ceder su tierra y lanzó severas advertencias a la tribu. Ordenó: "Después de este día [2 de julio de 1862] todo navajo que sea visto será considerado hostil y tratado conforme a esto". Sin embargo, los navajos no se rindieron. En un acto de rebeldía, intentaron resistir al robo injusto de su territorio por los estadounidenses. Carleton y Carson encabezaron los asaltos contra los navajos durante 1862 y 1863 donde quemaron los hogares de los navajos, destruyeron sus campos y obligaron a sus aldeanos a pasar hambre. Finalmente, los navajos fueron obligados a rendirse a las fuerzas de Carleton y Carson ante el temor de que su pueblo fuera exterminado.

En 1862, el Congreso de Estados Unidos estableció el fuerte Sumner en Bosque Redondo, Nuevo México, para que funcionara como la primera reserva oficial de nativos americanos al oeste del territorio de Oklahoma. Querían hacer que los apaches y los navajos marcharan hasta la reserva en donde labrarían la tierra, irían a escuelas estadounidenses y serían obligados a adoptar el cristianismo. Pero no todos los navajos estuvieron de acuerdo con estos términos. En 1864, se unieron a los apaches restantes para enfrentarse al ejército de Carson en

La resistencia de los nativos americanos

Esta foto fue tomada en Bosque Redondo después de la Larga Marcha de los Navajos.

la batalla del Cañón de Chelly. Después de ser derrotados por el ejército de Estados Unidos, Carson ordenó que se destruyera su propiedad y que se les obligara a caminar hacia el Este, hacia la reserva de Bosque Redondo. Cerca de 8,500 nativos marcharon 300 millas (480 kilómetros), trayecto en el que murieron 200 navajos. Muchos más murieron al llegar a la reserva. Esta, de acuerdo con un historiador, "se convirtió prácticamente en un campo de reclusión para los indios".

La Larga Marcha de los Navajos fue solo el inicio de la miseria de los nativos. La reserva resultó ser horrorosa. A. B. Norton, uno de los supervisores de la reserva, describió algunas de las atroces condiciones en sus relatos. "El agua era negra… escasamente tolerable al gusto… y decían los indios que era insalubre, porque una cuarta parte de la población había sido arrasada por las enfermedades". Incluso Norton pensaba que la reserva era un fracaso:

> Mientras más rápido sea abandonada [la reserva] y sean trasladados los indios, mejor… ¿Escogería acaso un hombre sensato un sitio para una reserva para ocho mil indios en donde el agua apenas se puede beber y el suelo es pobre y frío?... ¡Oh, dejémoslos regresar o llevémoslos adonde puedan tener agua fresca que puedan beber, donde haya leña abundante para evitar que mueran congelados y donde el suelo produzca algo que puedan comer!

La lucha por conservar la tierra

Muchos nativos se resistieron a la captura. Casi todos los apaches lograron huir de la vigilancia militar y pronto el manejo de la reserva se volvió demasiado para las fuerzas estadounidenses.

Después de que el relato de Norton llegara a los líderes de la nación, Estados Unidos decidió cerrar la reserva y permitir a los navajos regresar a casa. Manuelito recordaría el viaje de regreso así:

> Las noches y los días eran largos antes de que llegara el momento de volver a nuestro hogar… el día antes de regresar, caminamos un poco hacia allí, porque estábamos ansiosos por comenzar. Regresamos y nos dieron unas provisiones [alimento] y les dimos las gracias por eso… Teníamos tanta prisa. Cuando vimos la cima de la montaña desde Albuquerque, nos preguntamos si era nuestra montaña y nos dieron ganas entonces de hablarle a la tierra. ¡Tanto la amábamos!; y algunos de los ancianos, hombres y mujeres, lloraron de alegría cuando llegaron a sus hogares.

En juicio por asesinato

En el Gran Levantamiento Siux de 1862, los siux de Dakota desplegaron un esfuerzo de resistencia coordinado de manera masiva en contra de los soldados de la Unión en las Grandes Llanuras. Sin embargo, el esfuerzo resultó una tragedia para los dakotas. Después de que los dakotas se rindieron al ejército, Estados Unidos instaló un tribunal militar para juzgar a los nativos por asesinato. Al final, el presidente Abraham Lincoln ordenó la ejecución de treinta y ocho dakotas por sus actos. "Ansioso de no actuar con tanta clemencia como para incentivar otro brote de violencia", explicaba Lincoln en un discurso ante el Senado de Estados Unidos, "ni con tanta severidad como para que sea crueldad verdadera… ordené… la ejecución de aquellos [nativos] que hubieran sido hallados culpables de la masacre". Esta sigue siendo la mayor ejecución de una sola

(Continúa en la página 30)

Una mujer guerrera

Retrato de Mujer Ternero de Bisonte en la Senda.

En 1876, durante las guerras de los siux que resultaron de la expansión estadounidense hacia el Oeste, los siux lucharon ferozmente contra Estados Unidos. En las batallas de Rosebud y Little Bighorn, los nativos derrotaron a las fuerzas estadounidenses. Una joven de la tribu de los cheyenes llamada Mujer Ternero de Bisonte en la Senda cabalgó junto a miembros de su tribu y se integró a la batalla. Fue una valiente guerrera, que peleó con arrojo por las fuerzas siux y cheyenes. Según una mujer de la tribu cheyén, Mujer Ternero de Bisonte en la Senda "estaba también con los guerreros cuando dejaron el campo del riachuelo Reno para enfrentarse a los soldados, arriba, en el sitio del riachuelo Rosebud hace alrededor de una semana". Después de ganar victorias fundamentales, también comandó a su pueblo y ayudó a protegerlos de las fuerzas estadounidenses en su camino. Los que acompañaban a Mujer Ternero de Bisonte en la Senda fueron capturados en 1877 y se rindieron. Estados Unidos los obligó a marchar 1,500 millas (2,414 kilómetros) a Oklahoma. Mujer Ternero de Bisonte en la Senda colaboró para ayudar a escapar a los cheyenes. Sin embargo, al final fueron atrapados y llevados a Montana, en donde fueron hechos prisioneros en Fort Keogh. Mujer Ternero de Bisonte en la Senda murió en 1879. Su esposo, Coyote Negro, se suicidó de tristeza tras su muerte. Si bien ella sufrió una trágica muerte, su heroísmo sirvió de ejemplo a los nativos durante décadas.

La lucha por conservar la tierra

vez en la historia de Estados Unidos. Antes de su ejecución, el guerrero dakota Hdainyanka escribió a su jefe Wabasha:

> Usted me ha engañado. Usted me dijo que si yo seguía los consejos del general y nos entregábamos a los blancos, todo estaría bien y ningún hombre inocente saldría herido. Yo no he matado, herido o lastimado a ningún hombre blanco o a ninguna persona blanca. No he participado en el saqueo de sus propiedades. Y, aun así, se me aparta para ser ejecutado y debo morir en unos días, mientras otros hombres que son culpables sí permanecerán en prisión. Mi esposa es tu hija, mis hijos son tus nietos. Los dejo a todos a tu cuidado y bajo tu protección. No dejes que sufran… y cuando mis hijos crezcan, asegúrate de que sepan que su padre murió porque siguió el consejo de su jefe y sin la sangre de un hombre blanco en sus manos por quien deba responder ante el Gran Espíritu.

Después de las ejecuciones, se hizo claro que algunos de los condenados habían sido colgados erróneamente. Sin embargo, tal y como indicó Lincoln, Estados Unidos estaba más preocupado por dar el ejemplo a otras tribus que por hacer justicia.

La masacre de Sand Creek

Durante la Guerra Civil, Estados Unidos inició la construcción del ferrocarril transcontinental, un proyecto masivo que conectaría ambas costas de la nación por tren. Sin embargo, el territorio que debía atravesar era el hogar de miles de nativos americanos. Durante la construcción, contnuó el conflicto entre los estadounidenses y los nativos residentes. En 1864, el Ejército de Estados Unidos invitó a los cheyenes a establecerse en Sand Creek, Colorado. Estos nativos resultaron ser un obstáculo para la construcción del ferrocarril, ya que sus tierras eran un recurso valioso para las compañías ferroviarias. Como no es de extrañar, la invitación de los estadounidenses era una trampa. El pequeño batallón de Sand Creek había ordenado refuerzos y el gobernador de Colorado, John Evans, encargó a la caballería que llegó bajo el comando del coronel John Chivington "el propósito único de pelear en contra de los indios". La masacre fue brutal. Tal y como contaría después Robert Bent, un guía que presenció los hechos:

> Después de los disparos, los guerreros pusieron a las squaws [palabra algonquina que actualmente se considera ofensiva para referirse a las mujeres nativas americanas] y a los niños juntos y los rodearon para protegerlos. Vi a cinco squaws refugiarse bajo un banco. Cuando los soldados se acercaron, ellas salieron corriendo y se mostraron abiertamente, para que los soldados supieran que eran squaws y para pedir clemencia, pero simplemente les dispararon… a todas. Había unas treinta o cuarenta squaws escondidas en un hoyo, protegiéndose. Enviaron a una niña de unos seis años con una bandera blanca en un palo. Ni siquiera había avanzado unos pasos cuando recibió un disparo y murió. Todas las squaws que estaban en el hoyo fueron asesinadas después… a todas las que vi les habían arrancado la cabellera. Vi a una squaw cortada en dos, con un niño que todavía no había nacido, pensé yo, tirado a su lado. El capitán Soule me dijo después que esos eran los hechos… vi bastantes niños de brazos muertos junto a sus madres.

Los ferrocarriles y la venganza

Estos nativos nunca tuvieron la oportunidad de defenderse, pero los grupos atacados incluían a muy pocos guerreros. No obstante, otros grupos sí contraatacaron. Una alianza de guerreros siux, arapajós y cheyenes destruyó el pueblo de Julesburg en Colorado. Destruyeron las estaciones de telégrafo y los edificios públicos. Quemaron la ciudad hasta sus cimientos y mataron a civiles y a soldados, sin distinción. Querían detener la construcción del ferrocarril estadounidense, mientras que buscaban también

Este dibujo de 1867 muestra a los cheyenes atacando al personal de la empresa ferroviaria Union Pacific.

venganza por las atrocidades de los militares en Sand Creek.

Estas peleas continuaron teniendo lugar mientras duró la construcción del ferrocarril. En 1866, los siux atacaron a las fuerzas estadounidenses a lo largo de la ruta Bozeman. Ninguno sobrevivió después de que fueron atrapados en una emboscada montada por los cheyenes, siux y miniconjous, encabezados por Nube Roja, un jefe siux. El general William Tecumseh Sherman, según se dijo, observó: "Debemos actuar con determinada venganza en contra de los siux, hombres, mujeres y niños, incluso hasta su exterminio". Esta redistribución, sin embargo, no tendría lugar sino hasta finales del siglo XIX. La resistencia al ferrocarril continuó. Asaltantes cheyenes descarrilaron un tren en 1867, lo que causó la muerte de muchos miembros del personal. En 1868, los siux descarrilaron otro tren, lo que destruyó las líneas de telégrafo y mató a dos miembros del personal.

Sin embargo, el progreso del ferrocarril demostró ser incotenible. Estados Unidos terminó el ferrocarril en 1869, lo cual atrajo a nuevos colonizadores por décadas. Pero la culminación de la construcción del ferrocarril no significó el fin de la resistencia a la expansión estadounidense. Estas tribus habían sido traicionadas por la **diplomacia** estadounidense. Se habían traicionado los tratados negociados y los nativos aspiraban a recuperar sus tierras. Sin embargo, Estados Unidos, como a menudo lo hacía, ignoró las promesas que había hecho a los nativos americanos. Continuaría trasladando nativos a las reserva, amenazando con la guerra si se resistían y destruyendo a aquellos que se negaran.

CAPÍTULO TRES

Tratados y traición

Estados Unidos negoció tratados con las tribus cheroqui, choctaw y chickasaw que reducían las tierras de los nativos americanos mientras aseguraban a estos pueblos que los estadounidenses ya no tomarían sus tierras. El mismo año, el Tratado de Fort Stanwix garantizaba la protección y la paz a "las Seis Naciones" de los iroqueses, muchos de los cuales habían luchado con las fuerzas británicas durante la Revolución estadounidense. En cada caso, los tratados exigían que los nativos cedieran la tierra con el fin de disfrutar de la paz con los estadounidenses. En el fuerte Stanwix, que se encuentra en la región central del estado de Nueva York, el tratado afirmaba "que las Seis Naciones cederían, como en efecto lo harán, a Estados Unidos todas las concesiones de tierra al oeste de tal frontera y, en consecuencia, se garantizará su posesión pacífica de las tierras que habitan". En un tratado de 1785 con varias tribus nativas, incluyendo los wiandots, los chippewas y los ottawas, Estados Unidos exigía que "las naciones indias reconocerán que ellas mismas y todas sus tribus están bajo la protección de Estados

Unidos y no de otro soberano cualquiera". Esto significaba que debían responder solo a la nación estadounidense y que no podían tener nexos políticos con ninguna potencia extranjera ni dentro de sus propias tradiciones tribales. Estos tratados no fueron simples acuerdos de paz: eran intentos manipulativos de limitar la libertad de los nativos americanos a vivir de acuerdo con sus propias tradiciones.

La resistencia de los nativos americanos a menudo tenía lugar como resultado de la ruptura de un tratado con Estados Unidos. Desde sus primeras negociaciones, Estados Unidos demostró ser poco confiable a la hora de honrar los acuerdos con las tribus nativoamericanas. Desde 1790 hasta 1795, aprobó una serie de leyes de comercio e intercambio con los indios. Estas leyes intentaban evitar que los ciudadanos estadounidenses interactuaran con los nativos. El presidente George Washington temía que un conflicto prolongado con los nativos americanos impidiera que Estados Unidos prosperara como nación. La primera de estas leyes comenzaba:

Los shawnees perdieron la batalla de los Árboles Caídos.

> Que nadie tendrá permitido llevar a cabo ningún tipo de comercio o intercambio con las tribus indias sin una licencia para tal propósito firmada y sellada por el superintendente del Departamento, o por cualquiera otra persona tal que el presidente de Estados Unidos designe para tal propósito.

Esta práctica resultó agradable para los nativos ya que, con mucha frecuencia, debían enfrentar la agresión y deshonestidad de los colonizadores europeos y estadounidenses. Pero estas leyes no evitaban que los colonizadores estadounidenses o los funcionarios gubernamentales intentaran apoderarse de la tierra de los nativos.

En 1794, el general Anthony Wayne, llamado el Loco, llevó a sus tropas a territorio shawnee en el valle del Ohio, en donde libraron la batalla de los Árboles Caídos. Después de la batalla, el Tratado de Greenville, firmado en 1795, obligaba a los nativos del territorio de Ohio a ceder su tierra, o renunciar a ella, en favor de Estados Unidos. Esto dio inicio a una larga historia de dirigentes estadounidenses que usaron la combinación de tratado, negociaciones y guerra para ver si alcanzaban sus intereses. Los tratados en sí, sin embargo, se lograban frecuentemente de manera deshonesta. "A menudo, se acordaba un tratado solo con una pequeña porción de la tribu", observa el historiador Eric Foner, "y entonces toda la tribu se veía obligada a aceptar su legitimidad".

Esto pasó a ser un elemento central de muchos conflictos entre Estados Unidos y los nativos americanos.

THE GREENVILLE TREATY LINE

El Tratado de Greenville estableció una frontera entre Estados Unidos y la tierra de los nativos.

En 1805, Estados Unidos obtuvo tierras pertenecientes a los chickasaws, quienes fueron llevados a la bancarrota por comerciantes estadounidenses deshonestos. El tratado comienza así:

> "Considerando que la nación de indígenas chickasaws ha estado durante algún tiempo ahogada en enormes deudas por causa de sus mercaderes y comerciantes, y en virtud de que está

Tratados y traición

desprovista de fondos para efectuar importantes mejoras en su territorio, los chickasaws han acordado, y así consta en el presente documento, ceder a Estados Unidos, y renunciar para siempre a ella, la extensión de tierra comprendida dentro de los límites siguientes…".

Aquí, el tratado hace parecer la apropiación del territorio de los chickasaws como un acto de caridad. Sin embargo, los males financieros de los chickasaws habían sido causados por acuerdos con Estados Unidos, el cual ofreció "hacer los siguientes pagos, a saber: veinticuatro mil dólares por el uso de la nación en general y por el pago de las deudas contraídas con sus mercaderes y comerciantes". Ofrecerían más dinero por la tierra, pero las tribus nativas de todo el continente sentirían el verdadero costo de tales ofrecimientos por décadas.

Una supremacía creciente

La guerra de 1812 aseguró la supremacía estadounidense sobre el continente para siempre. A pesar de las victorias iniciales de los británicos y los nativos, después de que los estadounidenses defendieron exitosamente el lago Erie en 1813, las fuerzas británicas y nativas perdieron un conflicto clave en la batalla del Támesis, en el actual Ontario canadiense. El jefe shawnee Tecumseh murió en el conflicto. Un joven general del Ejército, originario de Tennessee, llamado Andrew Jackson, se convirtió en una celebridad inmediata después de una victoria sobre los británicos y la nación creek en la batalla de Nueva Orleans. "El poder de los creeks se perdió para siempre", comentó Jackson después del conflicto. Jackson pasaría su carrera militar y política librando su cruzada contra los nativos americanos del país, usando la fuerza y la coerción para expulsarlos de sus tierras de origen y reclamar así el territorio en nombre de Estados Unidos.

Después de que Estados Unidos ganara la batalla del fuerte McHenry en 1814, la guerra avanzó lentamente hacia su fin. Con la firma del Tratado de Gante, los británicos cedieron el control del territorio americano, preservando los territorios que cada nación había controlado antes del conflicto. Pero el tratado no contenía ninguna disposición para proteger los territorios de los nativos americanos. Derrotados por los militares estadounidenses y traicionados por el Imperio británico, los nativos de la frontera americana se encontraron a merced de la expansión estadounidense. De 1815 a 1830, Estados Unidos reclamó gradualmente el territorio nativo a través tanto de tratados como de expansión militar. En 1818, Andrew Jackson invadió Florida, en aquel entonces territorio español, para vengarse de los seminolas, que estaban en conflicto por el territorio con los colonizadores estadounidenses. En ese mismo año, Estados Unidos convenció a los representantes de la nación chicksaw de que le cedería el territorio fronterizo al oeste de Tennessee y el sur de Ohio. En 1828, Estados Unidos obligó a los potawatomis de Míchigan y de los Grandes Lagos a ceder su territorio, mientras que asímismo les advertía que "podía exigírseles reubicarse al oeste del Misisipi".

La guerra de 1812 sentó un precedente sobre la respuesta de Estados Unidos a la resistencia de los nativos americanos. Los nativos podían satisfacer las exigencias de los estadounidenses... o hacer frente al conflicto. A pesar de los tratados y los acuerdos, los nativos estarían sometidos a las necesidades inmediatas y a mediano plazo de la nación creciente. Los desacuerdos legales no se interpondrían en el camino. No obstante, las tribus todavía podían recurrir a las protestas legales para expresar su resistencia y oposición.

En 1832, un misionero de nombre Samuel Worcester demandó al estado de Georgia por el traslado de los cheroquis. Al final, llevó su caso a la Corte Suprema de Estados Unidos. Worcester fue condenado a la cárcel por los tribunales de Georgia debido a que había violado la ley que prohibía a los blancos estadounidenses vivir con los nativos. La intención de esta ley, entre otras normas georgianas relativas a los nativos, tenía como fin excluir a los nativos de la sociedad estadounidense y, al final, obligarlos a irse. Sin embargo, Worcester y sus abogados sostenían que la nación cheroqui había establecido su propia Constitución. Debería considerársela una nación libre e independiente. Por lo tanto, Estados Unidos no podía obligar a los cheroquis a dejar su tierra sin declararles la guerra abiertamente. En un histórico dictamen de la Corte Suprema, el juez presidente John Marshall concordó con esto. "Él [Worcester] no tiene menos derecho a la protección de la Constitución, las leyes y los tratados de su territorio [la nación cheroqui]", confirmó Marshall. "La nación cheroqui, en consecuencia, es una comunidad distinta que ocupa su propio territorio… en el cual las leyes de Georgia no pueden tener vigor". El único poder que podía negociar con los cheroquis era el Gobierno federal, de acuerdo con Marshall. Los cheroquis eran una nación separada, libre e independiente. Y Estados Unidos tenía que tratarlos como tal.

El líder cheroqui John Ross elevó una petición al Congreso de que se pusiera fin a la política de traslado de los indígenas.

Jackson ignora a la Corte

Sin embargo, en franca ignorancia de la Constitución y la separación de poderes entre las ramas del Gobierno federal, Jackson supuestamente respondió la resolución de Marshall diciendo: "John Marshall ha tomado su decisión; déjemosle ahora que la aplique". Jackson llevó a cabo el traslado de los cheroquis a través del Sendero de Lágrimas, pero muchos se resistieron. El jefe cheroqui John Ross elevó su petición al Congreso, en una carta abierta que criticaba a Estados Unidos por sus terribles acciones. "Nos han despojado de todo atributo de libertad", explicaba Ross. "Nuestra propiedad bien puede ser saqueada ante nuestros ojos, puede que se cometa violencia en contra de nuestra gente e incluso podrían arrancarnos la vida y, aun así, no hay nadie que atienda a nuestras quejas". Él argumentaba que los cheroquis habían perdido su nación, habían perdido su libertad y habían sido "privados de su pertenencia a la familia humana". Y no había sido una lucha sin voz. Ross señaló cómo "el Gobierno de Estados Unidos, frente a nuestras protestas más serias, solemnes y reiteradas", ignoró los deseos y las libertades de los nativos. Ross incluso hizo referencia a los enfoques más diplomáticos de George Washington y Thomas Jefferson.

> Hemos leído sus comunicaciones… Hemos practicado sus preceptos [sugerencias] con éxito… La selva agreste ha cedido su lugar a cómodas moradas… Hemos aprendido la religión de ustedes también… ¡perdonen a nuestra gente!, ¡perdonen lo poco que queda de nuestra prosperidad!

En una protesta abierta ante el Congreso de Estados Unidos, Ross intentó convencer a los estadounidenses de la injusticia que estaba siendo cometida por su propio gobierno.

Estados Unidos aprobó la Ley de Comercio e Intercambio con los Indios de 1834, la cual prohibía que los colonizadores ocuparan la tierra de los nativos en Wisconsin y en Iowa. También impedía toda forma de comercio no aprobado con las tribus de allí y protegía la soberanía de estos grupos. Sin embargo, después de que los colonizadores estadounidenses se expandieron al territorio, Estados Unidos defendió a sus ciudadanos, quebrantadores de la ley, en lugar de dar cumplimiento a sus acuerdos. El Congreso ajustó la ley, renegoció los tratados y, lentamente, vio a los estadounidenses invadir los territorios de los nativos.

En 1848, Estados Unidos firmó el Tratado de Guadalupe Hidalgo, que puso fin a la guerra entre México y Estados Unidos. Esto también dio a Estados Unidos, oficialmente, acceso a enormes extensiones de tierra en el Oeste. El principal problema entre los estadounidenses con este nuevo territorio era el asunto de la esclavitud: ¿permitiría Estados Unidos que la esclavitud se expandiera a los territorios del Oeste? Este interrogante finalmente dividiría a Estados Unidos. La Guerra Civil estalló en 1861, cuando los estados

(Continúa en la página 41)

Ruptura del Tratado del Fuerte Laramie

En 1868, Estados Unidos negoció un tratado con los siux de Dakota del Norte y Dakota del Sur. Debido a que los estadounidenses habían emigrado primero hacia el Oeste, los siux y otras tribus habían defendido con fiereza el área alrededor de las Dakotas conocida como las Colinas Negras. Esta región era especialmente sagrada para estas naciones. Después de años de conflicto, el Congreso emitió el "Informe sobre la condición de las tribus indias", que condujo al Gobierno, con el tiempo, a buscar la paz con estos grupos. El tratado manifestaba: "A partir de este día, toda guerra entre las partes del presente acuerdo [siux y Estados Unidos] cesará para siempre".

Estados Unidos prometió que las Colinas Negras serían "reservadas para el uso y la ocupación exclusiva e imperturbada de los indios aquí mencionados [los siux]". El tratado continuaba diciendo: "Nadie... será autorizado a entrar a las reservas". Sin embargo, en 1874, el general George Custer condujo a un grupo de soldados y mineros estadounidenses a las Colinas Negras con el fin de constatar si la región contenía oro. Cuando averiguaron que sí lo había, los mineros estadounidenses comenzaron a desplazarse hacia la región. Cuando los intrusos fueron atacados por los defensores siux, Estados Unidos ordenó al ejército invadir la región y esto llevó a que se prolongara la guerra entre Estados Unidos y los pueblos siux.

El general William T. Sherman y otros se reunieron con los jefes nativos en 1868 para negociar el Tratado del Fuerte Laramie.

La resistencia de los nativos americanos

del Sur formaron los Estados Confederados de América y se separaron de la nación. La guerra, a pesar de ser un conflicto entre estadounidenses, tuvo un impacto severo en los nativos americanos en todo el país. Los navajos se encontraban entre las tribus que habían sentido los efectos de la guerra. "En Nuevo México", observó el historiador Andrés Reséndez, "la Guerra Civil llevó al mayor auge de esclavitud india en la historia del territorio". Antes y durante el conflicto, los nativos americanos del suroeste lucharon contra la esclavización a manos de, a menudo, un ejército que pretendía poner fin a la esclavitud en otras partes de la nación. Se obligó a muchos de estos navajos a prestar servicio en el ejército. Si bien muchos se resistieron y atacaron a los soldados de la Unión, la oleada de la guerra abrumó a los desventajados nativos.

En esta ocasión, tal y como fue el caso de muchos acuerdos, los nativos americanos debían cumplir con un tratado que era completamente injusto. El Tratado de Guadalupe Hidalgo había transferido el territorio de México a Estados Unidos. Ninguna de estas naciones tenía autoridad para hacer algo así. La tierra había sido ocupada por tribus tales como los navajos, los chumash y los apaches durante siglos. Sin embargo, Estados Unidos continuó con su práctica de negociación de un tratado solo para traicionarlo dos años más tarde. Con la condición de que ningún colonizador interfiriera con los apaches, Estados Unidos exigió a los nativos "reconocer y declararse legal y exclusivamente bajo las leyes, la jurisdicción y el Gobierno de Estados Unidos de América, y [someterse] a su poder y a su autoridad". Sin embargo, Estados Unidos traicionó este acuerdo y las guerras de los estadounidenses contra los apaches continuaron librándose durante toda la década.

Pagos no realizados

En 1851, Estados Unidos llegó a acuerdos con las tribus cheyén, arapajó y crow para permitir a los estadounidenses construir rutas, carreteras y puestos militares en su territorio.

Pequeño Cuervo encabezó la resistencia de los siux después de las traiciones de los estadounidenses a sus tratados.

No se les permitiría establecerse allí. Sin embargo, después de la fiebre del oro, Estados Unidos comenzó a apropiarse del territorio sin piedad. Muchos nativos, incluyendo los siux de Dakota, se enfrentaron a los soldados de la Unión a causa de las traiciones de los tratados. Estados Unidos había firmado un tratado con los dakotas en 1851. Con ese tratado, su líder, Taoyateduta, o Pequeño Cuervo, cedió el territorio a cambio de paz y de pagos por parte de los estadounidenses. Pero Estados Unidos nunca hizo pago alguno. En 1862, Pequeño Cuervo encabezó, aunque de mala gana, un asalto contra Estados Unidos pensando que su conflicto con la Confederación haría más vulnerable a la nación. A la vez, los dakotas pensaban que esto podría convencer a Estados Unidos de cumplir con las promesas del tratado de 1851. Pero Pequeño Cuervo estaba

La resistencia de los nativos americanos

preocupado por la capacidad de los dakotas de ser vencedores. Antes de emprender su movimiento de resistencia, Pequeño Cuervo se dirigió a su pueblo:

> Taoyateduta no es un cobarde… ¡y no es un tonto! Solo somos pequeños rebaños de bisontes que quedan dispersos. Ya no somos los grandes rebaños que solían cubrir las praderas. ¡Vean! Los hombres blancos son como langostas cuando vuelan… son tantos que el cielo todo parece una tormenta de nieve. Quizá podamos matar a uno, dos, diez… tantos como las hojas de aquella selva, y sus hermanos no los extrañarán. Maten uno, dos o diez, y diez veces diez más vendrán a matarlos a ustedes. Cuenten con los dedos de sus manos todo el día y vendrán hombres blancos, pistolas en mano, más rápido de lo que ustedes puedan contar. Sí, se pelean entre ellos, en su mundo. ¿Oyen los truenos de sus cañones? Sí, se pelean entre ellos; pero si osan golpear a uno de ellos, se volverán contra ustedes y los devorarán, y devorarán a sus mujeres y a sus hijos, tal como langostas en temporada que se abalanzan sobre los árboles y devoran todas las hojas en un día. Ustedes son tontos… morirán como los conejos cuando los hambrientos lobos los cacen bajo la Luna Dura [enero].

Heroicamente, Pequeño Cuervo concluyó su discurso diciendo: "Taoyateduta no es un cobarde: morirá con ustedes". En lo que se conocería como el Gran Levantamiento Siux, el Ejército de Estados Unidos destruyó las fuerzas dakotas y Pequeño Cuervo murió a manos de los colonizadores en 1863, después de que él y unos pocos guerreros siux hubieran regresado a sus devastados hogares. Esto fue solo el inicio de la farsa para los pueblos siux. Sin embargo, era otro ejemplo de su voluntad para resistirse a las injusticias cometidas por Estados Unidos; estas violaciones a los principios de justicia, conciliación e imparcialidad sobre los cuales se basaba la nación estadounidense. Estados Unidos violó sus acuerdos y los nativos americanos no tenían opción, excepto resistirse y, a veces, rebelarse.

CAPÍTULO CUATRO

El fin de la resistencia

Desde el fin de la Guerra Civil hasta inicios del siglo XX, Estados Unidos se apoderó a la fuerza del territorio de las tribus nativas. La mayoría ya habían sido obligadas a vivir en reservas o habían sido exterminadas por los militares. Las motivaciones fueron muchas: la población de Estados Unidos había crecido, los políticos buscaban maneras de obtener más recursos para la nación y Estados Unidos perseguía, a cualquier precio, su "Destino Manifiesto" de dominar el continente de costa a costa. "Entre 1860 y 1910, el ejército de Estados Unidos, arrasando con las aldeas indias de las Grandes Llanuras, allanó el terreno para que los ferrocarriles [que transportaban trenes repletos de estadounidenses] vinieran y se hicieran con la mejor tierra", comenta el historiador Howard Zinn. A lo largo de este período, los nativos americanos cayeron presa de la migración forzosa, el conflicto político y la guerra abierta desplegados por Estados Unidos.

Con la nación expandiéndose rápidamente gracias al fin de la Guerra Civil y a la culminación del ferrocarril transcontinental, el Congreso intentó poner fin a los conflictos con los nativos

El líder de los nez percés, Jefe Joseph, habló ante el Congreso en nombre de los nativos americanos.

americanos. Sin embargo, solo se consideraría la paz en los términos dispuestos por Estados Unidos. En una ley aprobada el 20 de julio de 1867, se designó una comisión para reunirse con las tribus hostiles, determinar los motivos que las aquejaban y firmar tratados para "eliminar toda causa justa de reclamo de su parte".

    Se destinó dinero para ayudar a todo nativo que dejara las tribus hostiles y se mudara a una reserva designada. Sin embargo, si los grupos nativos se negaban a ir a una reserva:

El fin de la resistencia

La pintura de 1872 titulada *El progreso americano* describe a la Dama Libertad, al pueblo estadounidense y a sus trenes desplazándose hacia el Oeste mientras los nativos huyen.

> … entonces el secretario de Guerra, bajo la dirección del presidente, queda autorizado por medio de este documento a aceptar los servicios de voluntarios a caballo de parte de los gobernadores de varios estados y territorios, en compañías y batallones organizados, que no excedan los cuatro mil hombres en número, y para servicios tales que, en su opinión, sean necesarios para la supresión de las hostilidades indias.

Las acciones posteriores también dejaron claro que solo un lado iba a tener que obedecer los términos de un tratado. Un ejemplo de esto fue la ruptura del Tratado del Fuerte Laramie firmado con los siux. Entre las condiciones para que los siux aceptaran desplazarse a la Gran Reserva Siux estaba que se incluyera a las Colinas Negras en la reserva. Los siux consideraban que las Colinas Negras eran sagradas y que la tierra estaba reservada solo para que ellos la usaran. Este acuerdo duró solo hasta 1874, cuando el general George Armstrong Custer encabezó una expedición minera que encontró oro en las Colinas Negras. Custer recibió órdenes de sacar a los siux de la tierra, lo que desencadenó una guerra sanguinaria que incluiría algunas derrotas decisivas para las fuerzas estadounidenses.

Otros actos sometieron a los nativos americanos a las leyes aprobadas por el Congreso y los despojaron de sus derechos como las naciones diferentes y diversas que eran. Ahora los nativos serían tratados como un grupo colectivo y no como sociedades individuales. Estados Unidos había robado a los nativos su independencia y ahora los discriminaba abiertamente en tanto que segmento de la población estadounidense. Incluso Francis Walker, comisionado de Asuntos Indios, los llamó "bestias indómitas" y "salvajes" en noviembre de 1872.

Cambio de táctica

En 1874, Estados Unidos condujo un asalto contra las tribus comanche, kiowa, cheyén del sur y arapajó. El objetivo era forzar a estos nativos a regresar a las reservaciones. En 1875, después de decenas de batallas, los comanches no tuvieron otra opción que rendirse. Su modo de vida había sido destruido para siempre.

Otras tribus fueron víctimas de esta estrategia después de 1871. En 1863, Estados Unidos había negociado con los **nez percés** tratados mediante los cuales se apropió de casi tres cuartas partes del territorio restante de la tribu al noroeste del Pacífico. En 1871, el nuevo jefe de los nez percés, Joven Joseph (posteriormente conocido como Jefe Joseph), se negó a obedecer las órdenes estadounidenses de trasladarse a una nueva reserva en Idaho. Joven Joseph señaló:

> Ningún abogado ni ningún otro jefe tenían autoridad para vender esta tierra… Ha pertenecido siempre a mi pueblo. La recibieron íntegra de sus padres y la defenderemos mientras haya una gota de sangre que caliente los corazones de nuestros hombres.

El fin de la resistencia

¿Víctimas de genocidio?

Los nativos americanos fueron objeto de presión e injusticias extremas a lo largo de la historia de sus interacciones con Estados Unidos. Sin embargo, la destrucción de las comunidades nativas comenzó mucho antes que sus primeras negociaciones con los estadounidenses. Desde el siglo XV, los nativos debieron enfrentarse a invasores europeos que querían apoderarse de las riquezas y del territorio para expandir sus imperios. En 1500, se estima que 12 millones de nativos ocupaban el continente de América del Norte. Para el año 1900, su población se había visto reducida a 237,000.

A lo largo de la historia moderna, los nativos norteamericanos han sido objeto de **genocidio**, es decir, de exterminación masiva de un segmento de la población. A manos de autoridades francesas, españolas, inglesas y estadounidenses, las poblaciones nativas fueron aniquiladas por la conquista militar, la propagación de enfermedades infecciosas y las migraciones forzosas.

Un historiador escribe que varios pueblos nativos americanos sufrieron "el peor holocausto humano que el mundo haya presenciado: un estruendo que sacudió a dos continentes, que se prolongó por cuatro siglos y que consumió… a decenas de millones de personas".

El cuerpo de Pie Grande, líder de los siux, yace congelado en el lugar donde los soldados lo mataron, en Wounded Knee.

En casi todos los casos, estos pueblos fueron objeto de violencia genocida tan solo por negarse a permitir que otras personas se apoderaran de sus tierras y destruyeran sus sociedades.

La resistencia de los nativos americanos

Esta representación de la batalla de Little Bighorn muestra a las tropas estadounidenses y a George Armstrong Custer como las víctimas heroicas de un brutal asalto.

Los soldados estadounidenses llegaron en 1877 para obligar a los nez percés a trasladarse a la reserva. Joseph y sus fuerzas derrotaron a las tropas bajo el comando del general Oliver Otis Howard. Después de una serie de prolongados conflictos, sin embargo, los nez percés fueron obligados a rendirse. No tenían provisiones, municiones ni pólvora para resistir para siempre. Aunque las fuerzas estadounidenses habían acordado inicialmente dejar que los nez percés permanecieran en la tierra de Idaho, fueron obligados a marchar 265 millas (426 kilómetros) hasta Kansas después de que así lo ordenara el general William T. Sherman. Jefe Joseph viajó a Washington, DC en 1879 para pedir un seguro retorno a Idaho. Si bien los políticos disfrutaron

El fin de la resistencia

la visita de Jefe Joseph y admiraron su civilidad, el líder de los nez percés estaba decidido a hacerles sentir su frustración. Y dijo:

> Las palabras bonitas no darán a mi pueblo buena salud ni evitarán que muera. Las palabras bonitas no darán a mi pueblo un hogar en donde pueda vivir en paz y cuidarse a sí mismo. Estoy harto de conversaciones que no llevan a nada. Me entristece el alma recordar todas las palabras bonitas y todas las promesas rotas… He preguntado a algunos de los grandes jefes blancos [los líderes de Estados Unidos] de dónde sacan esa autoridad para decir al indio que debe permanecer en un lugar mientras ese mismo indio ve a los hombres blancos ir adonde les place. No pueden decírmelo.

En lugar de permitir que la pequeña tribu de nez percés regresara a Idaho, el Congreso los trasladó de una reserva en Kansas a otra en Oklahoma. En 1885, se les permitió regresar a su tierra natal. Para ese entonces, solo quedaban 287 nez percés. Joseph vivió en la reserva hasta 1904. Su médico confirmó la causa de su muerte como "un corazón roto".

La venganza contra Custer

El siglo no llegó a su fin sin otra historia trágica de la destrucción de los nativos. En 1876, los siux libraron una fuerte resistencia contra la expansión de los estadounidenses a las Colinas Negras. Los jefes siux Caballo Loco y Toro Sentado encabezaron varios asaltos contra los militares estadounidenses. El 25 de junio, en la batalla de Little Bighorn en el territorio de Montana, los siux vencieron de manera aplastante a las fuerzas de George A. Custer, que habían sido una pieza clave en la penetración de los colonizadores al territorio siux. Después de que Custer y sus hombres murieron a manos de los nativos en lo que se conocería como la "última batalla de Custer", el pueblo estadounidense se sintió indignado. Los medios de comunicación describían la lucha de Custer como una gloriosa batalla contra nativos salvajes. Según reseñó el periódico de Helena, el *Daily Herald*:

> Los indios dispararon masivamente en todas las direcciones, aparte de que la mayoría luchaba a caballo. Custer, sus dos hermanos, su sobrino y su yerno resultaron muertos. Y nadie de su destacamento logró escapar. Doscientos siete hombres fueron enterrados en un mismo lugar, aunque se estima que el número de muertos fue de trescientos, con solo treinta y un heridos.

El apoyo público por el traslado de los nativos llevó a Estados Unidos a buscar la destrucción de los asentamientos de nativos en toda el área de las Grandes Llanuras. Los siux tuvieron una contundente victoria sobre Custer y las unidades del Séptimo de Caballería en Little Bighorn en 1876; pero después de ser derrotado en otros conflictos, su jefe, Toro Sentado, se rindió en 1881. Los siux fueron relegados a las reservaciones, donde debían hacer frente a condiciones deplorables y una segura extinción. Sin embargo, comenzaron a recurrir a una práctica conocida como la **danza de los espíritus**. Los siux y otras tribus creían que esto traería la prosperidad de vuelta a su pueblo y los protegería de los blancos.

> Todos los indios deben bailar, en todas partes, seguir bailando. Pronto, con la próxima primavera, vendrá el Gran Espíritu. Traerá de vuelta con él animales de caza de todas las especies. Y la caza será abundante en todas partes. Todos los indios muertos volverán y vivirán de nuevo… Cuando el Gran Espíritu venga por aquí, entonces todos los indios irán a las montañas, muy alto, lejos de los blancos. Y los blancos no podrán hacerles daño entonces.

Estas indicaciones venían de Wovoka, un hombre santo paiute considerado portador de un mensaje de salvación a los siux. Los siux rezaron pidiendo salvación, pero solo siguieron más muertes y destrucción. Los blancos tenían miedo de la danza y creían que llevaría a una revuelta, por lo que exigieron que se acabara con esta práctica. Toro Sentado apoyaba la

Esta foto muestra los cuerpos de los aldeanos siux asesinados y lanzados a una fosa común después de la masacre de Wounded Knee en Dakota del Sur.

danza de los espíritus y, el 15 de diciembre de 1890, fue asesinado cuando la policía entró a la fuerza a su casa y trató de arrestarlo. Dos semanas más tarde, fueron enviados militares estadounidenses a Wounded Knee Creek, Dakota del Sur, para rodear y desarmar a un grupo de bailarines de la danza de los espíritus que intentaba huir. Los soldados crearon confusión, lo cual llevó a que se escapara un tiro de una de las armas. El ejército abrió fuego contra una multitud compuesta por hombres, mujeres y niños nativos, que eran presas del hambre y del frío. En un instante, mataron a 150 personas, aunque el número de víctimas aumentó a unas 300 debido a los intentos

La resistencia de los nativos americanos

de los soldados de recuperar el control en medio del caos. Sin embargo, este episodio marcó un punto crucial para los asuntos nativos en el Oeste. Ya que la mayoría de las tribus habían sido apresadas o exterminadas por las fuerzas estadounidenses hacia 1890, los siux fueron el último bastión de resistencia indígena en Estados Unidos. Después de la Masacre de Wounded Knee, el espíritu de los siux quedó destrozado. En palabras del anciano siux Alce Negro, recogidas muchos años después:

> Aún puedo ver mujeres y niños asesinados, amontonados y esparcidos a todo lo largo del sinuoso barranco, tan claramente como los vi con ojos jóvenes. Y puedo ver que algo más murió allí, en el barro ensangrentado, y quedó sepultado en la ventisca. Allí murió el sueño de un pueblo. Era un sueño hermoso… Ya no hay centro y el árbol sagrado está muerto.

En 1776, Thomas Jefferson escribió en la Declaración de Independencia:

> Sostenemos como evidentes estas verdades: que todos los hombres son creados iguales; que son dotados por su Creador de ciertos derechos inalienables; que entre éstos están la Vida, la Libertad y la búsqueda de la Felicidad… Pero cuando una larga serie de abusos y usurpaciones, dirigida invariablemente al mismo objetivo, evidencia el designio de someter al pueblo a un despotismo absoluto, es su derecho, es su deber, derrocar ese Gobierno y proveer de nuevas salvaguardas para su futura seguridad.

Ciertamente, los nativos del continente americano solo estaban actuando tal y como Jefferson había instruido: desechando el despotismo, asegurando su propia libertad y luchando por la igualdad. Tristemente, Estados Unidos se negaría a ver la difícil situación de los nativos americanos de esta manera.

Intento de ser un estado

En 1905, las "Cinco Tribus Civilizadas", nativos cheroquis, chickasaws, creeks, seminolas y choctaws que habían cooperado con el Gobierno, se reunieron para discutir lo relativo a su independencia. Temían una asimilación forzosa y deseaban seguir siendo libres. Las tribus propusieron al Congreso que permitiera que el territorio de Oklahoma, que albergaba a muchos grupos nativos, se convirtiera en un estado para los nativos americanos. La Constitución redactada por la Convención Constitucional Sequoyah era un reflejo de las constituciones de muchos estados y apuntaba a que se considerara a los grupos nativos ciudadanos de un estado, igualmente protegido por la Constitución de Estados Unidos como miembro de la Unión. La Constitución sequoya comenzaba con un preámbulo que decía así:

> Invocando la bendición de Dios Todopoderoso y depositando nuestra fe en la Constitución y las obligaciones de los tratados de Estados Unidos, nosotros, el pueblo del estado de Sequoyah, decretamos y establecemos la presente Constitución.

Pero el Congreso se negó a aceptar esta idea a pesar de que la constitución que ellos habían propuesto era estadounidense en todos los sentidos. En cambio, los representantes rechazaron la presentación de la Constitución ante el Congreso. En 1907, el Congreso declaró nula la Constitución y admitió a Oklahoma como cuadragésimo sexto Estado de la Unión. Esto permitió al Congreso anexar el territorio nativo como estado, negándose así a reconocer las protestas o propuestas alternativas de las organizaciones de nativos. Nuevo México y Arizona serían incorporados a la Unión hacia 1912, lo que completaría la expansión hacia el Oeste. Como resultado, Estados Unidos acabó con toda forma de resistencia por parte de los nativoamericanos. Durante el curso de doscientos años, arrasó con toda una sociedad de pueblos libres.

Cronología

Las fechas en verde se relacionan con acontecimientos discutidos en este volumen.

28 de septiembre de 1542: Juan Rodríguez Cabrillo "descubre" la actual California (a pesar de que los indígenas habían vivido allí por miles de años). Reclama la región en nombre de España.

30 de abril de 1803: Estados Unidos, bajo el mandato del presidente Thomas Jefferson compra a Francia 828,000 millas cuadradas (2.1 millones de kilómetros cuadrados) de tierra al oeste del río Misisipi en un acuerdo que se conoce como la Compra de Luisiana.

14 de mayo de 1804: Meriwether Lewis y William Clark dejan Camp DuBois con el Cuerpo de Descubrimiento para explorar el territorio adquirido mediante la Compra de Luisiana y tratar de encontrar una ruta hacia la costa del océano Pacífico.

2 de diciembre de 1823: El presidente James Monroe declara que todos los continentes americanos "no serán considerados, en adelante, objeto de futuras colonizaciones por ninguna potencia europea". Este principio sería conocido como la doctrina Monroe.

28 de mayo de 1830: El presidente Andrew Jackson firma la Ley de Traslado Forzoso de los Indios, para el desplazamiento obligado de los nativos americanos a tierras no colonizadas al oeste del Misisipi.

1835: Algunos cheroquis aceptan tierra al oeste del Misisipi y dinero como pago para desalojar su territorio. Esto lleva al Sendero de Lágrimas en 1838, donde miles de nativos perecen durante la marcha forzada hacia el Oeste.

Julio-agosto de 1845: El término "Destino Manifiesto" es acuñado por John L. O'Sullivan en un artículo sobre la anexión de Texas que apareció en la publicación periódica *United States Magazine and Democratic Review*.

24 de enero de 1848: James Marshall descubre oro en el aserradero de John Sutter en California. Marshall y Sutter tratan de mantener en secreto su hallazgo.

2 de febrero de 1848: Los representantes de Estados Unidos y México firman el Tratado de Guadalupe Hidalgo, el cual pone fin a la guerra entre los dos países e implica la cesión de más de 500,000 millas cuadradas (1.25 millones de kilómetros cuadrados).

9 de septiembre de 1850: California se convierte en el trigésimo primer estado.

30 de diciembre de 1853: Estados Unidos compra a México 29,670 millas cuadradas (76,845 kilómetros cuadrados) mediante lo que se conoce como la Venta de La Mesilla. El área pasaría después a ser parte de Arizona y Nuevo México.

20 de mayo de 1862: El presidente Abraham Lincoln firma la Ley de Asentamientos Rurales, la cual otorga a los colonizadores 160 acres (65 hectáreas) de tierras públicas al oeste del Misisipi con la condición de que vivan en ellas durante cinco años consecutivos.

1 de julio de 1862: El Congreso aprueba la Ley del Ferrocarril del Pacífico, la cual ayuda a la construcción del ferrocarril intercontinental. El ferrocarril se construye entre 1863 y 1869. Los pasajeros ahora pueden viajar de Nueva York a California en tan solo ocho días.

23 de septiembre de 1862: Las tropas de Estados Unidos derrotan a los dakotas en la batalla de Wood Lake. Los dakotas habían atacado a las personas que habían entrado sin autorización a la tierra que les había sido otorgada por el Gobierno de Estados Unidos.

Enero de 1864: Los navajos se rindieron ante Kit Carson en el cañón de Chelly en Arizona. Los 8,500 hombres, mujeres y niños fueron obligados a emprender lo que se conocería como la Larga Marcha para vivir en las tierras estériles de una reserva llamada Bosque Redondo.

29 de noviembre de 1864: En Colorado, voluntarios masacran a aproximadamente doscientos cheyenes y arapajós en un hecho conocido como la Masacre de Sand Creek, que desencadena una guerra a gran escala.

25 de junio de 1876: Un grupo organizado de tribus arrasa con las unidades del Séptimo Regimiento de Caballería comandado por el general George Custer en la batalla de Little Bighorn.

5 de octubre de 1877: Jefe Joseph de los nez percés se rinde después de que las tropas estadounidenses detienen su intento de conducir a su pueblo hacia la libertad en Canadá.

8 de febrero de 1887: El presidente Grover Cleveland firma la Ley de Dawes, que permite que las reservas de los nativos americanos se dividan en parcelas que se dan a los individuos.

29 de diciembre de 1890: Los soldados estadounidenses matan entre 150 y 300 indios siux en la reserva de Pine Ridge, en la llamada Masacre de Wounded Knee.

La resistencia de los nativos americanos

Glosario

asimilación proceso mediante el cual se obligó a los nativos americanos a adoptar las costumbres, la cultura y las normas sociales de los blancos con el fin de incorporarlos a la población de Estados Unidos.

cheroqui nación de nativos americanos que vivía en la región del sureste. Fueron obligados por el Gobierno de Estados Unidos a reasentarse en áreas al oeste del río Misisipi.

cheyenes nación de nativos americanos que vivía en las Grandes Llanuras.

Cinco Tribus Civilizadas los cheroquis, los chocktaws, los chickasaws, los creeks (muskogees) y los seminolas. Las cinco tribus fueron llamadas así porque parecían estar asimilándose.

danza de los espíritus ceremonia religiosa, iniciada por los paiute, destinada a retornar la prosperidad a su pueblo.

Destino Manifiesto creencia del siglo XIX de que a Estados Unidos correspondía el destino, otorgado por Dios, de adquirir el territorio que se extendía desde el océano Atlántico hasta el océano Pacífico.

diplomacia proceso de negociación con los líderes de otra nación para llegar a acuerdos sobre asuntos de importancia.

esclavitud en Estados Unidos, sistema de trabajo forzoso aplicado a las minorías, primordialmente a los afroamericanos, aunque también a los nativos americanos.

genocidio exterminación organizada de un grupo específico de personas por parte de un gobierno o sus líderes.

Guerra Civil conflicto entre los estados del Norte y los estados del Sur de los Estados Unidos por la esclavitud y sus efectos políticos. La guerra duró desde 1861 hasta 1865.

navajos nación de nativos americanos que vivían asentados en pueblos del Sureste.

nez percé nación nómada de nativos americanos que vivió en lo que es hoy el oeste de Montana, Idaho, Washington y Oregón. Actualmente viven en Idaho.

política conjunto de objetivos o metas mediante los cuales un líder político o un sistema de gobierno hace frente a asuntos de importancia.

reserva tierra designada por el Gobierno de Estados Unidos a los nativos americanos en donde se les exigía vivir y, a menudo, los militares los obligaban a establecerse.

revuelta resistencia organizada a una acción o autoridad de un gobierno.

shawnee nación de nativos americanos que vivieron en el noreste y en el medio oeste de Estados Unidos. Se resistieron a la expansión estadounidense y se alinearon con Gran Bretaña durante la Guerra de 1812.

siux nación seminómada de nativos americanos que vivía en la región de las Grandes Llanuras y que se resistió a la expansión estadounidense.

territorio área de tierra establecida que pertenece a una nación o a un grupo de personas.

traslado de los indios proceso, de varias décadas, mediante el cual el Gobierno de Estados Unidos obligó a los nativos americanos a dejar sus tierras de origen y a establecerse en otros territorios y en reservaciones.

tratado acuerdo logrado entre dos naciones para poner fin a un conflicto en términos reconocidos por ambos lados.

Para más información

Libros

Cozzens, Peter. *The Earth Is Weeping: The Epic Story of the Indian Wars for the American West.* Nueva York: Alfred A. Knopf, 2016.

Dunbar-Ortiz, Roxanne. *An Indigenous Peoples' History of the United States.* Boston: Beacon Press, 2015.

Zinn, Howard. *A People's History of the United States.* Nueva York: Harper Collins Publishers, 2003.

Sitios de internet

Biblioteca del Congreso
"Indians of North America: Selected Resources"
https://www.loc.gov/rr/main/indians_rec_links/overview.html
Esta guía puede brindarle ayuda en su investigación sobre la historia de los nativos americanos a través de fotos, grabaciones, mapas y otros recursos digitales.

Educación smithsoniana
"American Indian Heritage Teaching Resources"
http://www.smithsonianeducation.org/educators/resource_library/american_indian_resources.html
Este trabajo de investigación del Instituto Smithsoniano le permite explorar recursos confiables acerca de toda una variedad de temas relacionados con los nativos americanos.

Museo Nacional de los Indios Americanos
"Education Resources"
http://www.nmai.si.edu/explore/education/resources
Este sitio provee enlaces a diferentes aspectos de la cultura americana nativa, al igual que a la historia de los pueblos indígenas. También incluye planes de lecciones para los maestros.

Bibliografía

Libros

Brown, Dee. *Bury My Heart at Wounded Knee: An Indian History of the American West.* NuevanYork: Open Road Media, 2012.

Hill, Gord. *500 Years of Indigenous Resistance.* Oakland, CA: PM Press, 2009.

Reséndez, Andrés. *The Other Slavery: The Uncovered Story of Indian Enslavement in America.* Boston: Houghton Mifflin Harcourt, 2016.

Ross, John. *The Papers of Chief John Ross, Vol. 1, 1807–1839.* Gary E. Moulton, ed. Norman, OK: University of Oklahoma Press, 1985.

Artículos en línea

"Building the First Transcontinental Railroad: Native Americans". Digital Public Library of America. Consultado el 17 de octubre de 2016. https://dp.la/exhibitions/exhibits/show/transcontinental-railroad/human-impact/native-americans.

Burnett, John G. "A Soldier Recalls the Trail of Tears". Learn NC. Consultado el 17 de octubre de 2016. http://www.learnnc.org/lp/editions/nchist-newnation/4532.

Burnett, Peter. "State of the State Address". 6 de enero de 1851. Oficina del Gobernador de California: La Galería del Gobernador. Consultado el 17 de octubre de 2016. http://governors.library.ca.gov/addresses/s_01-Burnett2.html.

"Constitution of the Cherokee Nation". 1827. Digital History. Consultado el 17 de octubre de 2016. http://www.digitalhistory.uh.edu/active_learning/explorations/indian_removal/cherokee_constitution.cfm.

Eastman, Charles A. "Native American Legends: Little Crow—Leader in the Dakota War of 1862". Legends of America. Consultado el 17 de octubre de 2016. http://www.legendsofamerica.com/na-littlecrow.html.

Fixico, Donald. "Interview: Native Americans". PBS, American Experience: Transconcontintal Railroad. Consultado el 17 de octubre de 2016. http://www.pbs.org/wgbh/americanexperience/features/interview/tcrr-interview.

"Fort Laramie Treaty, 1868". PBS, New Perspectives on the West. Consultado el 17 de octubre de 2016. http://www.pbs.org/weta/thewest/resources/archives/four/ftlaram.htm.

"Great Battle with the Indians". *Helena Herald*, 4 de julio de 1876. http://www.astonisher.com/archives/museum/first_newspaper_big_horn.html

Jefferson, Thomas. "Special Message to Congress on Indian Policy". 18 de enero de 1803. Miller Center. Consultado el 25 de octubre de 2016. http://millercenter.org/president/jefferson/speeches/speech-3476.

"President Jefferson and the Indian Nations". Thomas Jefferson's Monticello. Consultado el 17 de octubre de 2016. https://www.monticello.org/site/jefferson/president-jefferson-and-indian-nations.

"Sand Creek Massacre: Witness Accounts". The Sand Creek Massacre. Consultado el 17 de octubre de 2016. http://sandcreekmassacre.net/witness-accounts.

"Treaties Between the United States and Native Americans". Yale Law School: Lillian Goldman Law Library—The Avalon Project. 17 de octubre de 2016. http://avalon.law.yale.edu/subject_menus/ntreaty.asp.

Índice

Los números de página en **negrita** corresponden a ilustraciones. Las entradas en **negrita** corresponden a términos del glosario.

apaches, 25–27, 41
Apess, William, 20–21
Árboles Caídos, batalla de, 11, **34**, 35
asimilación, 8–11, 13, 19, 21, 54

británicos, 4, 7, 12, 33, 36–37

cheroquis, 6, 9, 11, 14, 18–21, 19, 33, 37–39, **38**, 54
cheyenes, 25, 29–32, **32**, 41, 47
chickasaws, 11, 13, 33, 35–37, 54
choctaws, 11, 33, 54
Cinco Tribus Civilizadas, 11, 54
Compra de Luisiana, 10
constituciones Sequoyah, 54
Corte Suprema, 37–38
Custer, George, 40, 47, **49**, 50–51

danza de los espíritus, 51–52
Destino Manifiesto, 14, 44
diplomacia, 32

esclavitud, 7, 12, 16, 23–24, 39, 41

españoles, 7, 16–17, **17**, 37, 48

ferrocarril transcontinental, 6, 30–32, **32**, 44
fiebre del oro, 23–24, 40–42, 47

genocidio, 48
Guerra Civil, 22, 25, 30, 39, 41, 44
Guerra de 1812, 12–13, 36–37
guerra de Independencia, 4, 7, 33
guerra entre México y Estados Unidos, 39

Jackson, Andrew, 13–14, 18, 20, 36–38
Jefferson, Thomas, 10–11, 13, 39, 53
Joseph, Jefe, **45**, 47, 49–50

Larga Marcha, 26–27, **27**
Lewis y Clark, 10, **10**
Lincoln, Abraham, 28, 30
Little Bighorn, batalla de, 29, **49**, 50–51

Manuelito, 25, **26**, 28
Masacre de Clear Lake, 24
Masacre de Sand Creek, 30–31
Masacre de Wounded Knee, 52–53, **52**

Mujer Ternero de Búfalo en la Carretera, 29, **29**

nativos americanos
    confrontaciones violentas con, 11–14, 16–17, 20, 22, 24–25, 28–32, **34**, 35–36, 40–44, 46–47, 49–53
    esclavización de, 7, 12, 16–17, **17**, 23–24
    legislación relativa, 6, 8, 14–15, 18, 20, 26, 34, 37, 39, 45, 47, 54
    pérdidas de la población, 6, 16, 23–24, 27, 48, 50
    política del Gobierno de Estados Unidos para con, 5–6, 8–11, 13–15, 18–21, 32–35, 37, 39, 44–47, 54
    relaciones europeas con, 4, 7, 12, 16–17, 36–37, 48
    tratados con, **5**, 8, 11, 25, 32–37, 39–43, 45–47
navajos, 25–28, **26**, **27**, 41
nez percés, **45**, 47, 49–50

Pequeño Cuervo, 42–43, **42**
política, 8, 10, 19–21
pomos, 24
pueblos, 16–17

quebradas, 11, 20, 36, 54

reserva, 26–28, **27**, 32, 40, 44–47, 49–51
revuelta, 17, 52
Ross, John, 38–39, **38**

seminoles, 11, 20, 37, 54
Sendero de Lágrimas, **15**, 18–21, **19**, 38
shawnees, 11–13, **12**, **34**, 35–36
sioux, 22, 28–32, 40, 42–43, **42**, 46–47, 50–53

Tecumseh, 11–13, 12
territorio, 4–6, 8, 10–19, 21–26, 30, 35–39, 41–42, 44, 46–48, 50, 54
Tippecanoe, batalla de, 11–12
Toro Sentado, 50–52
traslado de los indios
    cheroquis y, **15**, 18–21, **19**, 37–39
    cheyenes y, 29
    chickasaws y, 13, **15**
    Ley de Traslado Forzoso de los Indios, 6, 14–15, 18, 20
    navajos y, 26–28, **27**
    nez percés y, 47, 49–50
    siux y, 46, 51
tratado, **5**, 6–7, 32–42, 45–47

Washington, George, 8–10, 34, 39
Worcester, Samuel, 37–38

Acerca del autor

ZACHARY DEIBEL es instructor de Estudios Sociales en Cristo Rey Columbus High School, en Columbus, Ohio. Es licenciado en Historia, egresado de la American University y tiene una maestría en Historia de la Arkansas State University. Disfruta de leer, escribir y pensar acerca de la historia, el gobierno y la sociedad de las Américas. Previamente, escribió un libro acerca de Thurgood Marshall, editado por Cavendish Square Publishing.

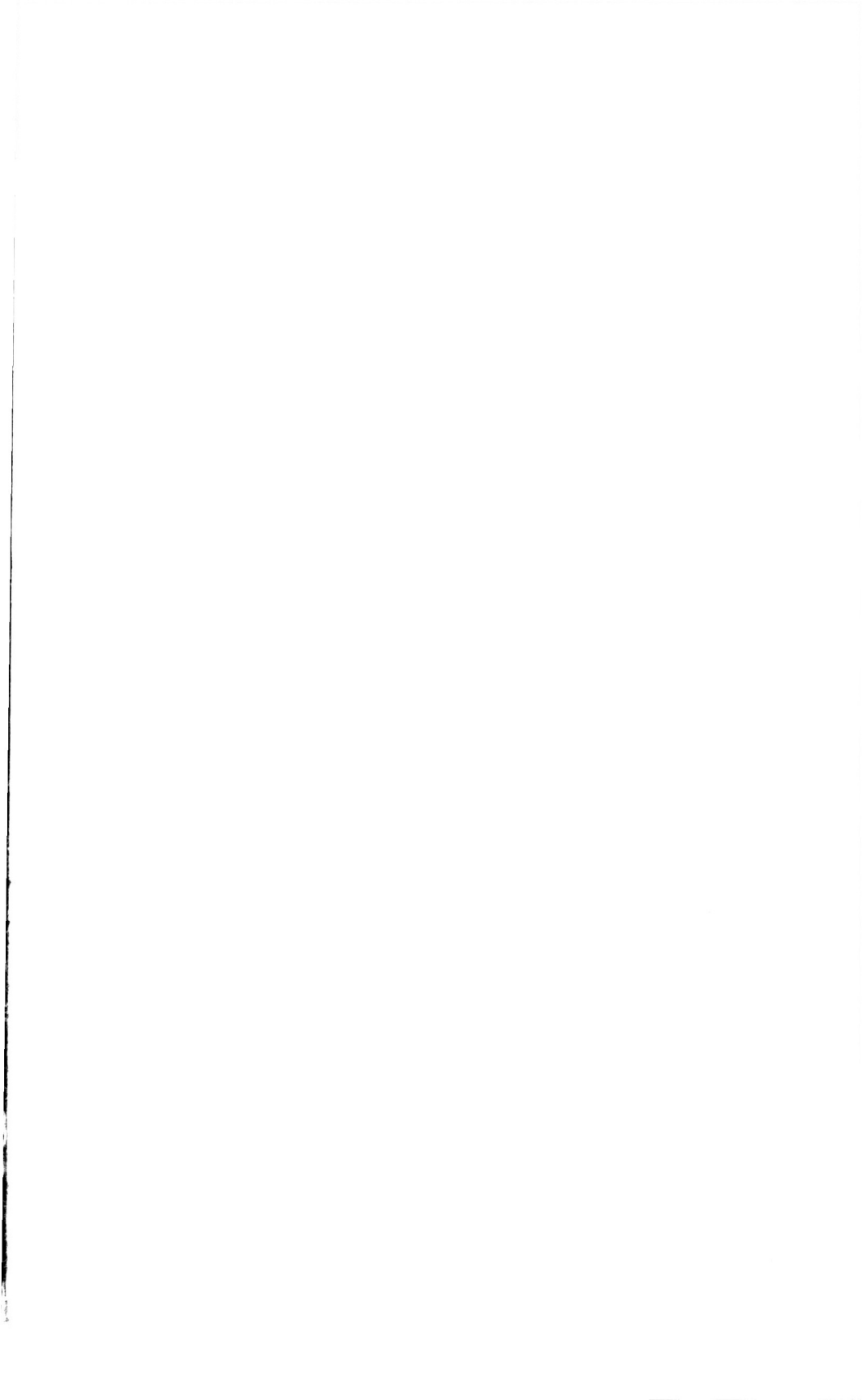